体育训练与教学发展研究

张艳梅 著

吉林摄影出版社
·长春·

图书在版编目（CIP）数据

体育训练与教学发展研究 / 张艳梅著. -- 长春：吉林摄影出版社，2023.11

ISBN 978-7-5498-6051-7

Ⅰ.①体… Ⅱ.①张… Ⅲ.①体育教学－教学研究－高等学校 Ⅳ.①G807.4

中国国家版本馆CIP数据核字(2023)第246334号

体育训练与教学发展研究
TIYU XUNLIAN YU JIAOXUE FAZHAN YANJIU

著　　者	张艳梅
出 版 人	车　强
责任编辑	王维夏
封面设计	文　亮
开　　本	787毫米×1092毫米　1/16
字　　数	210千字
印　　张	9.5
版　　次	2023年11月第1版
印　　次	2023年11月第1次印刷
出　　版	吉林摄影出版社
发　　行	吉林摄影出版社
地　　址	长春市净月高新技术开发区福祉大路5788号 邮编：130118
网　　址	www.jlsycbs.net
电　　话	总编办：0431-81629821 发行科：0431-81629829
印　　刷	河北创联印刷有限公司
书　　号	ISBN 978-7-5498-6051-7　　　定　价：56.00元

版权所有　　侵权必究

前　言

当今，我国教育提倡素质教育，学生良好的身体素质对于开展学习等其他各项活动都是十分重要的，而体育教育和体育教学与训练息息相关。为了让学生的身心得到健康全面的发展，体育教师就要在深刻了解体育教育重要意义的基础上，分析教学与训练的关系，从而科学设置体育教育课程，寻求在教学与训练平衡中发展，促进学生的身心健康发展。

体育教学与体育训练虽然是不同的概念，但是二者有着千丝万缕的联系，是密不可分、相互促进的，它们统一于体育教育的全过程。体育教学是体育训练的基础保障，学生只有在掌握体育运动的基本技巧后，才能够进行有意识的体育训练，强化动作的规范性，提高动作的熟练性。体育教学与体育训练，二者是无法完全割裂的，在体育教育的全过程中，都体现着教与学的统一。体育教学是教师为主导，讲授各类体育知识和体育技巧，配以示范演练，学生则是以学会为目的，进行认真学习。体育训练是以学生训练为主要内容，教师加以规范和指导，及时纠正学生的错误动作，更好地掌握相应的体育技巧。总之，二者贯穿于体育教育的全过程，体现着教和学的协调统一。

本书以体育教学概述入手，介绍了体育教学思想的革新与发展以及体育教学内容，并详细地分析了体育教学模式的革新与发展以及高校体育教学设计改革，接着重点分析了体育课堂教学技能训练以及体育说课、讲课模拟教学技能及训练，最后在高校体育教学训练方法路径方面做出了总结和探讨。

本书在撰写过程中参考了大量的文献资料，在此对其作者表示感谢。体育教学改革研究和探索的目的本来就是发现新的可用于指导实践的思想、理论，所以，本书中难免有与现存观点、理论的不协调之处。如有不妥，还望广大同人批评指正。

目 录

第一章 体育教学概述 … 1
第一节 体育教学的概念和性质 … 1
第二节 体育教学的特点和功能 … 4
第三节 体育教学的原则和规律 … 11
第四节 体育教学的结构和原理 … 21

第二章 体育教学思想的革新与发展 … 28
第一节 现代体育教学改革的教育思想 … 28
第二节 体育教学思想的整合和引领 … 34
第三节 现代体育教学的发展分析 … 35

第三章 体育教学内容 … 39
第一节 体育教学内容的基本理论及特点 … 39
第二节 我国体育教学内容的划分和编排 … 43

第四章 体育教学模式的革新与发展 … 46
第一节 体育教学模式的基本理论 … 46
第二节 体育教学中典型的教学模式 … 51
第三节 体育教学模式的改革与发展 … 57
第四节 新型体育教学模式的构建和运用 … 60

第五章 高校体育教学设计改革 … 66
第一节 体育教学设计的基本理论 … 66

第二节　体育教学设计的改革与发展 …………………………………… 73

第六章　体育课堂教学技能训练 ………………………………………… 85
　　第一节　体育课堂教学技能分类与形成 ………………………………… 85
　　第二节　体育课堂教学技能训练过程与原则 …………………………… 92
　　第三节　体育课堂教学技能训练模式 …………………………………… 96

第七章　体育说课、讲课、模拟教学技能及训练 ……………………… 109
　　第一节　说课技能及训练 ………………………………………………… 109
　　第二节　讲课技能及训练 ………………………………………………… 116
　　第三节　模拟教学技能及训练 …………………………………………… 122

第八章　高校体育教学训练方法路径 …………………………………… 124
　　第一节　力量素质和速度素质训练 ……………………………………… 124
　　第二节　耐力素质和柔韧素质训练 ……………………………………… 129
　　第三节　灵敏素质和协调能力训练 ……………………………………… 135

参考文献 …………………………………………………………………… 144

第一章 体育教学概述

第一节 体育教学的概念和性质

一、体育教学的概念

(一)教学的概念

为了更好地理解体育教学的概念,首先可以先对教学的概念进行分析。总的来看,对教学概念的理解可以分为广义和狭义两个方面。

从广义的角度来看,教学是一种在某种特定形式下开展的教育活动。在这一活动中,负责传授某种知识或特定技能的教学者对受教者进行教育,从而让受教者获得这种知识或技能的活动。其中的教学者可以是教育者,也可以是某种知识的掌握者,所教授的内容可以是一种知识,也可以是某种技能。

从狭义的角度来看,教学是指单纯的学校教学,由教师和学生两个教学主体协作完成,是以特定文化为对象的教与学相统一的活动。在教学活动中,教师扮演着组织者和指导者的角色。在新时期,有关教学的基本观念是,教学是教与学的统一,教融入学中,而学有教的组织引导。

通过对教学两个方面的概念进行理解之后,基本可以总结出教学的概念是在教育目的的规范下,教师的教与学生的学共同组成的一种教育活动。

(二)体育教学的概念

在分析了教学概念之后,再将其与体育教学相结合,就基本能够认定体育教学的概念。由此可见,体育教学与教学有着很多相似的地方,它也是一种有目的、有计划、有组织地对学生传授知识和技能,发展智力和体力,培养品德和形成个性的教育过程。只不过其教学的内容为体育相关知识与技能,当然教学方法也与其他学科的教学方法有所不同。

体育教学并不是一种随意的、随心而行的教学活动，更不是完全的做游戏和娱乐活动，它需要很多要素的构成才可以正常、合理、科学地开展。一般来说，体育教学主要由以下八个基本因素组成：

1. 学生

学生是体育教学的主体之一，没有学生就不存在体育教学，没有学生就没有组织教学。总之，学生是体育教学中的主体因素，也是最活跃的因素。

2. 教师

教师是体育教学的主体之一，没有教师不可能存在体育教学，没有教师就没有体育教学中的"指导和组织者"。在现代体育教学中，体育教师已经不再是过去那种课程的忠诚执行者角色，而是在完成现有课程教学的基础上还要成为体育课程的建设者和开发者。

3. 教学环境

教学环境是支持体育教学顺利开展的各种软件、硬件条件的综合。良好的教学环境对体育教学有着积极的影响。体育教学中一些运动项目的教学对场地条件和设施有着更高的要求，相比其他学科的教学，体育教学对教学环境的要求更高。

4. 教学目标

教学目标是教师开展体育教学的基本依据，体育教学没有了目标就变成了无头苍蝇，难以获得发展。在体育教学实践中具有多层次的体育教学目标，它们是体育教学中的定向和评价因素。

5. 教学内容

教学内容是由内容的实体（课程）和内容的载体（教科书）共同组成的，它们是体育教师根据社会的要求、学科的体系和学生的需要选编出来的。没有教学内容，体育教学就显得格外空洞化了。

6. 教学过程

教学过程是教学的最中心因素，没有了体育教学过程，体育教学也就没有了时间和程序上的支撑，因此也就无从谈起教学的组织和管理。

7. 教学方法

教学方法与目标、教师、学生等因素有着密切的关系，它是教师根据教学目标和学生的学习情况所选择的有效的教学技术和手段，其中包含帮助学生理解学习内容的各种信息及其传递方式。

8. 教学评价

教学评价与教学目标、教师有着密切的关系，它是教师根据具体的教学目标制定的各种评价、考核指标，这些指标既包括教师的教学工作，也包括学生的学习情况。

综上所述，便可以总结归纳出体育教学的概念，其是指在学校教育中，由体育教师和学生协同完成的以传授体育知识和体育技能为手段，以增进学生身心健康，提高身体活动能力、自然和社会环境适应能力，培养良好的思想品德，促进个性发展为目标的教育过程。

二、体育教学的性质

在了解了体育教学的概念后，就要对其另一项基本知识进行研究，这就是关于体育教学性质的问题。事物的性质是与其他事物区分的最明显差异。性质不同的两种事物所带来的表象自然有一定的区别。就体育教学来说，正是因为它本身所具有的体育教学性质，才能明显区别于包括数学、语文、英语、艺术等其他各类学科。

因此，通过归纳可以找到体育教学的诸多特征，如它的教学地点多为户外；教学中师生都要承受一定的运动负荷与心理负荷；教学过程是身体活动与思维活动的结合体，并且有比较频繁的人际交往；体育教学侧重于发展学生身体时空感觉以及运动智力；教学更加关注学生自我操作与体验等。

在体育教学活动中，最重要的一个形式就是对运动技能的教学，它是体育育人的主要方式。对于运动技能的传授也是体育教学与其他学科教学的主要区别之一。仔细来看，运动技能的形成要经历几个步骤才能最终实现，具体包括动作的认知阶段、联系阶段与完善阶段。在认知阶段中，学生与知识、技能之间的联系最为密切，它的主要目的就是学生对所学技能的结构、要素、关系、力量、速度等要素进行表象化的认识。由于运动技术是学生完成动作的方法，因此可以认为运动技术不具有人的特性，而只是作为一种"知识"，或称为"操作性知识"。

综上所述可以断定，体育教学的本质应该是一种针对运动技术和知识的教学。当学生学会了运动知识并将其转化为运动技能后，体育教学的本质就达成了。当然，活动地点大多在户外也是体育教学区别于其他教学的特征之一，但现代体育教学场所通常在室内的场馆也非常多见，如果坚持把"户外"作为条件之一，未免有些不严谨和片面。

第二节 体育教学的特点和功能

一、体育教学的特点

体育教学与其他学科教学有许多相似的特点。首先它们的共性在于都属于教师与学生的双边活动，这是所有教学活动的共性，教师与学生在教学活动中发生的各种形式的交流都非常频繁，如语言上的交流和肢体动作的交流等。以往这种交流更多的是从教师向学生的方向，现代教学同样也注重使这种交流从学生向教师的方向，不过教学仍旧依靠教师对学生在某种知识和技能方面的传授。其次，以班级为单位开展教学活动也是共性，只不过有些时候这个班级的组成方式会根据不同需要有不同的编排，如可以根据基础的自然班，或是根据学生的不同兴趣组成的体育教学班等。最后，体育教学与其他学科教学的目的都是一样的，即都是传授某种知识或技能。

参加体育活动对学生的身心发展具有很好的作用，特别是对正处在身体发育旺盛期的青少年及儿童来说具有更加重要的意义。在结合体育教学的性质后，可以把体育教学的特点归纳为以下几点：

（一）教学过程的直观性

体育教学过程拥有直观性特点。这种直观性有多种体现，如体育教师对体育教学内容的教授除了要达到与其他学科教师讲解要求一致外，还要求体育教师的语言更加生动，并且要富有一定的肢体表现能力，以使学生有形象、贴切、有趣的感觉。在某些拥有较难技术动作的体育运动教学中，教师一方面要把传授的重点进行艺术性的描述，另一方面要用生动的语言、巧妙的解释方法把复杂的技术动作简单化，提升学生对学习成功的自信心，加深学生对教学内容的感知。

实际上，体育教学过程中的每一项内容都具有直观性特点。除刚才说到的课堂讲解，在实践演示中也是如此。在教师运用示范法时，需要运用非常直观形象的动作示范，其中包括正确动作的演示和错误动作的演示，这些演示都非常直观地展现在学生眼前，并没有一丝做作。这样才会使学生从感官上直接感知动作的正确与错误，以利于他们建立正确的、清晰的运动表象。当学生获得正确表象后，才能使之与思维结合起来，从而达到掌握体育知识、技术和技能的目的；同时，还发展了自身的观察能力和形象思维能力。

从体育教学组织与管理过程方面，也能够看到直观性的特点。鉴于教学过程的直观性，教师的行为也应该带有直观性，如要更加富有责任心、为人师表、德高望重，这对学生的身心也是一种无形的教育。另外，直观性特点使得学生在课堂上的表现都是最真实的、最直接的，任何伪装在体育教学活动中都是毫无意义的，因此学生在教学中表现出来的言行都是他们最为真实的一面。这就非常有利于体育教师对学生的观察与帮助，有利于教师获得正确的教学反馈。

（二）体育知识的传承性

体育是以身体锻炼为主要形式的教育活动。如果从教与学的角度来说，可以将体育知识形容成一种"身体的知识"。这种知识伴随着人类的发展而发展，在不同时期都有它的发展形势，如在原始社会，身体的知识就是人类通过走、跑、跳、投、打等动作捕获猎物或逃避猛兽的追捕等行为。而在现代社会中，体育知识的传承突出表现为某项体育运动或体育技能。

现代教育越发注重教学过程中学生的主体性作用和"以人为本"的教育理念。人们对这种理念的追求使得人类自我知识的归类不仅代表了体育教学的特殊性，还给予了体育教学知识传承的特殊意义。从这个层面来看，这种体育教学所传承下来的体育知识已经超越了简单的模仿行为，而将更多的相关文化也融入其中。这些体育文化才是体育运动、体育教学等获得长久传承的动力和灵魂。

（三）身体活动的常态性

体育教学与其他学科教学的最大不同就在于在体育教学过程中充满了对身体活动的要求。在体育教学中，几乎所有内容都涉及身体活动，或者是为即将到来的身体活动做准备的活动，就是对作为"身体知识"的体育教学的最好诠释。在体育教学过程中，不仅是学生要进行具有一定运动负荷的运动，教师在做示范、做指导和参与到组队教学赛中也需要付出不少体力。所以体育教学身体活动常态性的特点不止针对学生，也包括所有体育教学主体。

由此可见，在体育课堂教学过程中，教师与学生的身体操练非常频繁，这种几乎与常态化的特点成为体育教学非常显著的特点。与之相比，其他学科的教学必须要在教室(实验室、多功能厅)进行，且要保持相对安静，这样才能激发学生的思维并产生很好的学习效果。而体育教学却刚好与之相反，其教学的地点多为户外或专用运动场馆，普遍较为宽阔，而且在大多数时间的运动技术练习环节并不需要保持安静，学生与学生之间、学生与教师之间都可以随时进行相关的交流和沟通，如此才更有利于对运动技术的学习与教导。

（四）身体与心理的统一性

在许多人的概念中，身体与心理是两种不同的事物，彼此间并没有很多的交集。实则不然，现代科学研究发现，身体健康有助于改善心理健康，而心理健康与否也可以影响身体健康。另外有一种观点认为开朗的人热爱体育运动，而事实上则是因为人参加了体育运动，才开始变得开朗、阳光。这就是典型的运动改变心理的事例。因此，在体育教学活动中就充满了身体与心理相统一的特点。

体育教学在乎对人身体的改造，与此同时它还强化人的心理与多种适应能力的发展。而在其他学科的教学中便无法达到这样的效果，这主要在于体育教学营造了不同种类的教学情境，这种情境表现出了十足的阳光、生动、积极、外露以及直观的感觉。一系列积极的情境才使得参与其中的人在潜移默化中受到感染，以此为学生的心理与社会适应能力的健康发展提供了良好的环境。

由此可以说，在体育教学中，人的身心发展看似是多元化的，但实际上是一种一元化的锻炼，即达到身体与心理的共同拓展和发展，表现出十足的统一性。身体发展是基础，心理发展依赖于身体的发展而存在，心理的发展同时促进身体的发展。具体来看，在体育教学中人的身体与心理的统一性主要体现在以下两个方面：

1. 体育教学的教材内容选择要注重身体与心理统一

体育教学内容是体育教学活动的依据。教学内容的好坏将直接影响教学效果。因此，为了体现出体育教学身心统一的特点，首先就要从教材选择环节开始，也就是说，选择的教学内容要注重对学生身体各部分、各种运动能力和各种身体素质的积极影响，而且要注重教材对学生心理及其社会适应力的影响，所选教材的编排要符合该年龄段学生的心理特点；除此之外，还要满足其美学、社会学等其他方面的要求。

2. 体育教师选择的教学方法要注重身心统一

由于与其他学科教学相比增加了更多的内容，因此，体育教学的方法也就更加丰富。选择体育教学方法主要是由体育教师进行的，为了使体育教学保有身心统一的特点，体育教学方法的选择就要关注这方面的内容。通常为了体现这一特点，体育教师选择的教学方法要遵循与学生年龄段相适应的身心变化规律，使学生在经常进行的体育教学活动中学习到正确的体育技术和技能，学生掌握这些技能的成长曲线并不是一路上涨的，而是有忽高忽低、忽快忽慢的过程和起伏变化的。另外，体育教学方法的选择还应符合学生的心理特点和年龄特点。与对体育技能学习的规律相似的是，学生在接受教学的同时其心理活动也呈现出波浪式起伏的曲线现象。这种生理、心理负荷波浪式的曲线变化规律，体现了体育教学鲜明的节奏性和身心的和谐、统一性。因此，要想选择正确的、适合学生身心发展的体育教学方法，体育教师就必须注重学生的这些诸多身心特点安排，如此才能在促进学生身体发展的同时，有效激发学生的积极性和兴趣爱好，更有效地发挥体育教学的功能。能否根据不同阶段学生的身心特点选择恰当的教学方法也是评判一位体育教师综合水平高低的重要依据之一。

（五）教学内涵的优美性

体育教学内容是非常丰富的，涉及多种与体育相关的内容，不仅仅限于球类运动、游泳、田径，还包括如体育舞蹈、瑜伽等内容。通过对这些内容的学习，学生可以普遍从中体会到源自体育的丰富情感，这种情感几乎都从"美"中而来。

体育教学内容丰富的情感性首先体现在体育教学过程中，师生可以体会到只有体育才能赋予人的人体美和运动美。学生通过接受体育教学，掌握体育健身的方法和技能，以此达到运动塑身的效果，使身体外在形态保持优美的线条和良好的身材比例；同时在运动中，可以看到人体不同的动作展现出的动作美和肌肉的动态美，这种美只有在运动中才能看到，是极为外显的美。在内在精神方面，体育教学也蕴含着"美"的元素，如学生为了争取比赛的胜利而表现出的不畏强敌、奋勇争先的精神，在关键时刻始终保持冷静的心态，或是在运动过程中表现出谦虚、文明和有道德的风度等。

既然有美的存在，那么就要有欣赏美的人和能够欣赏美，懂得如何欣赏美的能力。每一项运动都向人们表现出了不同的美的特点和审美特征，如球类运动可以表现个人对球类技术的掌握能力，集体球类项目中除了个人能力外，还包含了与队友之间的协作和互助精神。这些内容都是人类积累下来的体育知识与技能，体育教师通过科学的概括和提炼，将其精髓传授给学生，使学生能感受到体育中蕴含的美，并学着去享受它、感悟它。体育之美首先给人的最大作用就是陶冶情操，平衡人们的心理状态。其次，体育教学是一种创造性的社会活动，其创造的成果就是让学生获得内在的顿悟和精神上的启迪。同时，体育教学中教师和学生之间有一条无形的通道联系着，构成了教与学的系统。教师在传授知识的过程中，伴随着师生间丰富而真诚的情感交流。

（六）客观条件的制约性

正是因为体育教学涉及的内容较多，再加上与之相关的构成要素也同样较多，也就使得体育教学会受到更多客观条件的制约，而这也是体育教学不同于其他学科教学的一大特点。具体来说，体育教学活动受到的制约主要有体育教学场地条件、器材、气候、学生运动基础、学生其他基本情况(年龄、性别、生理和心理特点)等。这些因素都会影响体育教学质量的高低。

学生是体育教学的主体之一，是体育知识与技能传授的受众者。从这个角度来看，学生的诸多情况会对教学本身造成一些影响，因此体育教学要想进行得顺利，获得良好的教学效果，就要注重在学生的运动基础方面以及体质强弱等实际情况的区别对待。

这些差异具体如男生与女生不同的身体形态、机能水平、运动能力等；根据这些差异，学校体育教育部门和体育教师在进行教学设计、教材选择和教学组织等方面的制定时就要考虑周全，否则不仅不能达到预期的教学效果，还可能会增加体育教学的风险。

体育教学环境是体育教学的场所。作为重要的教学载体，体育教学环境质量的高低对体育教学会产生较大影响。通过几个事例就可以很好地说明这个问题，如经常在室外开展的体育教学，如果面临的是严重的空气污染，或邻近马路带来的噪声污染，则势必会影响体育教学主体在教学活动中的状态与情绪；天气对室外体育教学的影响也是不容忽视的，这点在早年间越发明显，如遇到雨、雪、大风等恶劣天气时，体育教学被迫停止，转而来到室内进行一些体育理论课的教学，如此势必会影响体育实践课的教学计划顺利展开。

综上所述，在诸多客观条件的制约下，为摆脱不利条件的影响，体育教师从学年的体育教学计划到具体课时计划，从教材内容选择到教学组织方法实施都必须考虑到这些客观实际与影响因素，尽量将制约因素的影响程度降至最低，提高体育教学的质量与效果。

二、体育教学的功能

（一）促进身体发展的功能

学生亲身参与体育运动实践在体育教学活动中是必不可少的。既然参与运动实践，就必然会使身体承受一定量的运动负荷。为保证学生身体的健康，运动负荷强度需要由体育教师酌情掌控。

合理的运动负荷对发展学生身体素质有极大的帮助，它对学生的机体或多或少会产生一定的刺激与影响，其影响的程度要视运动项目的内容、学生身体素质、持续运动的时间、运动间隙时间、营养补充等状态而定。不同运动项目对身体的锻炼重点也有很多区别，如足球运动对人体的耐力、爆发力、速度和灵敏度有着较高要求，游泳对人体心肺功能和协调能力有较高要求等。由此认定体育教学具有促进身体素质发展的功能是毋庸置疑的，但同时要注意的是，如果运动负荷过大，体育运动不仅对身体健康没有好处，反而会伤害学生的机体。为了把握合理的运动负荷，体育教师在制订教学计划前就要对学生的普遍体质与运动基础有一个基本清晰的认识。因此，从体育教学影响身体功能的角度来说，要有效发挥体育教学健身功效，必须遵循体育教学的规律，运用科学的教法与组织形式，才能达到预期的效果。

（二）促进心理健康的功能

世界卫生组织确定的现代健康新标准中明确认定了心理健康也是评定人体健康的指标之一，我国自古也有"身心合一"的理论。经过长期的实践发现，体育教学在对学生身体产生积极影响的同时也会对学生的心理与思想产生一定的影响，这方面的影响与其他学科既有共性，也有差异性。体育教学促进心理健康的功能主要是通过教师传授来实现的，因为教师的一言一行无时无刻不影响着学生的思想，因此，教师必须身体力行、为人师表，为学生做出表率与榜样。这些行为都是在潜移默化中进行的，而不是安排几堂心理辅导课就可以做到的。教学更为重要的作用是传授各种人类社会的道德、规范与理念，这是学生走向社会之前的必学内容。

具体来说，体育教学对学生心理的影响主要包括个人心理与团体心理两个方面。

从个人心理方面来看，体育活动一方面可以缓解学生的学习压力；另一方面，参与体育运动就要频繁地面对成功与失败，其中失败和挫折的次数远远多于成功。由此可以培养学生在逆境中正确处理心态的能力，作为胜利者也要做到戒骄戒躁，只有具备这样的素质，才能再接再厉，获得成功。

从团体心理方面来看，学生作为体育运动团队中的一员，需要处理好个人利益与集体利益的关系，应抱有克服一己私欲，顾全大局的思维行事。

（三）提升社会适应的功能

现代社会的发展非常迅速，这使得人们稍有停留便会被潮流所抛弃。对青年来说，紧跟社会潮流，并且在跨入社会后能够与之较好地融合、适应是非常关键的。这是体现人的软实力的标准之一。在体育教学中，学生之间的交往具有特殊性、外显性与频繁性，学生在多样的体育活动中会产生多种身体之间的交流，交流的同时也传播着各种体育竞赛的规则，竞赛规则就好似社会规则，需要人人自觉遵守。由此可以说，体育教学环境就像是一个微缩化的社会，这个社会赋予了学生需要遵循的各种规则与准则。若不遵循，必然受到惩罚；若表现突出，则得到表扬称赞。执行这个法则的人就是教师。因此，教师必须公正，才能对学生产生良好的影响，培养学生良好的体育道德规范，进而培养学生适应未来社会的各种道德规范与做人理念。

（四）传授运动技术的功能

在远古时期，运动技能就等同于生存技能。那时的人类通过走、跑、跳、投、打等行为捕猎和采摘，以获得生存的能量。而现代社会早已物质丰盛，对人体的要求就不再像过去那样严格。现代运动技术也演变为丰富的体育运动技术，如球类、武术、田径和游泳等。科学研究表明，适当参加体育运动对人的身心素质的提升均有较大帮助。最终，体育教学就成为传授这些运动技术的最好方式。

从具体的实践角度来分析，学生每周都要参加的体育课堂就是体育教学的最小单位，体育课堂的基本活动过程，就是体育教师以体育教学内容为依据对学生传授体育知识与相关技能的双向信息传送活动。因此，运动技术就成为体育教学的主要内容也是重要内容。运动技术不同于其他学科的学习，它不仅需要学生对运动理论知识有深刻的了解，还要身体力行地亲身参与技术练习，在无数次的重复中逐渐在脑中和身体上建立起对技术的表象反应，最终到熟悉动作以及可以在下意识的情况下做出正确的动作。因此，对于运动技能的训练，没有实践就无法学会。

对于运动技术的传授，体育教师是关键。作为运动技术的掌握者和传播者，教师在体育课中传授的是各项具体运动技术，如足球运动中的传球技术，甚至可以细分到内脚背传球技术。其他运动项目的技术传授也可以依此类推。体育教师对运动技术的传授通常都会从简单的、入门的、基础的入手，在此之后逐渐积累，循序渐进，只有从小的运动技术学起，才能积少成多，掌握整个运动项目的技术。

（五）传承体育文化的功能

体育教学并不仅是简单地对于体育运动技能和相关知识的传授活动，这些只是表面上的行为，而体育教学真正的目的在于教会学生正确的体育运动方法，使其能在未来的生活中对其身心产生持续的良好影响，更是一种体育文化的传承。

从体育教学的系统结构视角出发，体育教学是由每周2~3次的体育课组合而生的一种贯穿全年的教学计划。其中根据教学周期的不同可以分为课程教学、周教学、学期教学和学年教学。比学年教学周期更长的就是小学体育教学、初中体育教学、高中体育教学和高校体育教学。

从单一一堂体育教学课的视角出发，可以把体育课中传习的各种小的运动技术累加起来，学生学到的是某个运动项目的完整技术，继续累加，就学到了各种运动技能。

综合两种视角，使得学生通过不同阶段的体育教学，学习到较为完整的运动知识、运动文化，掌握各种运动技能，从而实现体育教学传承体育文化的功能。

第三节　体育教学的原则和规律

一、体育教学的原则

原则，即人们说话办事依据的准则和标准。教学原则，则是根据各种不同的教学因素，把同类性质的因素加以科学的抽象和概括而形成原则（直观性原则、自觉性原则和教育性原则等）。体育教学原则，是体育教学过程客观规律的反映，是在长期的体育教学实践中积累起来的，具有普遍意义的经验的总结和概括，是体育教师进行教学工作必须遵循的准则。体育教学原则与其他的原则不同，同样，体育教学与其他的教学也不等同。二者最根本的不同在于体育教学突出认识和实践。从而得出，认识和实践的有机统一是体育教学区别于其他教学过程的根本特征。然而最终的目的是，希望教师合理地运用体育教学原则，从而促进学生的身心健康全面发展。

（一）中国的体育教学原则

体育教学原则在各个不同时期均有不同的发展，在不同的国家，体育教学原则略有不同，然而，大体上又一致相同。中国的体育教学原则一般有：自觉积极性原则、直观性原则、从实际出发原则、循序渐进原则、全体全面发展原则、合理的运动负荷原则、巩固提高原则。但是，随着社会的不断发展，教育学、心理学、社会学、教学论、方法论及体育科学的发展，人们对体育教学原则的认识不断加深，体育教学原则体系的研究形成多种不同的思想观念。体育教学原则不是仅仅局限在以上几种原则上，但是也并不是不赞同中国的体育教学原则。现在也是我国在体育教学原则体系的基础上进行逐步完善，对教学实践过程的指导也越来越科学。蒋新国在《我国体育教学原则的历史演变》的论文中阐述了体育教学原则各个不同时期的完善和发展，指出了体育教学原则不再是仅仅重视体育教学的学科性、健身性以及思想性，而是开始关心学生身心健康的全面发展和人文精神的培养。然而，这也是受当时学校体育指导思想和对体育教学规律认识影响的必然结果。

（二）体育教学原则的运用

体育教学原则保证体育教学的顺利进行，所有的教学原则都相辅相成。

1. 直观性原则

对于直观性教学，要求教师给予学生一个正确的直观概念。教师应抓住重点，生动形象、语言简短明了地进行讲解，可以让学生反复地进行一个动作的练习，使学生的感觉器官建立暂时的神经联系，形成正确的动作定型。比如，在练习太极的过程中，太极"抱球"的手势，将这一动作传授给学生，使手掌的五指分开假设双手之间抱着一个球，我们可以运用到这一原则。对小学生而言，其模仿力较强，这一原则是最为有效的原则之一。

2. 巩固性教学原则

这一原则，有助于学生动作的熟练和形成更加标准的动作。目的就是能多加练习，形成一种肌肉记忆，再做到熟能生巧。比如，在篮球运动项目中，学习篮球运球、急停、转身、传接球时，为了巩固转身这个动作，可以把急停、转身、传球贯穿进去。三天不练手生，如在网球教学中，长时间不练网球发球，随之抛球的稳定性、发球的成功率均会下降，此时就需要多加练习进行巩固，这一原则尤其是对刚接触项目的学生而言，能巩固练习，形成正确的技术动作。

3. 合理的运动负荷原则

这一原则要求教师在上课期间根据教材的特点、教学条件，考虑学生的实际情况，合理地安排教学内容，使学生不仅能更好地掌握技能还能促进身体的健康发展。教师合理地安排运动量和运动强度。通俗来讲，这里的运动量与运动强度并不是同一概念，运动量指的是次数、组数、重量时间等，而运动强度指的是完成练习所用力量的大小，如负重的重量、跳的高度、跑的距离等，合理地安排运动量与运动强度，量大则运动强度小，运动强度太大，则相应减少运动量。保证在学生承受最大疲劳限度的情况下根据实际情况来合理安排。

4. 循序渐进原则

循序渐进原则，从字面就表现出由简到难、由一般到复杂的过程。逐步进行，不断提高。比如，网球的正手击球，首先要从握拍开始，到准备姿势，到引拍上步，再到挥拍，再到准备姿势这样一个完整的过程，练习者开始可以做无球的动作练习，再做有球的原地击球动作练习，最后做有球移动的动作练习，这样逐一练习，逐步进步。

5. 启发式教学原则

采用启发式教学可提高学生学习的积极性，调动学生的积极思维，加深学生理解和认识、牢记动作、少出现反复，启发学生主动去思考去领悟。比如，在排球发球的教学中，通过生活当中甩鞭子的一个动作，启发学生做发球动作时一次用力地发力顺序，或将其用于标枪等投掷项目当中，使学生能够举一反三，培养学生的自学能力。运用启发性原则，开发学生智能，调动了学生学习的积极性，科学地进行训练，取得事半功倍的效果。

此外，教学原则还有因材施教原则、超负荷原则、恢复原则等；无论哪一种体育教学原则，目的都是从学生的根本利益出发，提高学生的身体素质，促进学生的健康发展。

体育教学原则体系将随着社会的不断发展，以及教育学、心理学等相关学科的发展而不断发展。近年来，随着新课改的不断深入开展，一套套新的体育教育原则不断应运而生。目前，我国有关新课程与体育教学原则创新的研究还不够，基础教育体育(与健康)课程的改革与发展滞后，我们应取其精华、去其糟粕，把体育教学原则通俗地贯穿到教学中去，使学生容易接受、理解，达到自觉练习的目的，从而开发学生智能，提高学生的体能素质，促进学生身心健康全面发展。

二、体育教学规律

体育活动，就是通过各种体育运动小组的活动和比赛，以及参加群体性的体育活动，使受教育者的身体得到多方面的锻炼，增强运动的技能和技巧，提高体育锻炼的兴趣。在笔者所在校的体育课教学中，我们着力探索体育教学规律，努力丰富体育课程内涵，体育教育教学取得了一定成效。

（一）探索规律组织体育教学

如何组织好小学体育课的教学工作，更好地为教学服务，是体育教学中的关键问题。

首先，教师要把握体育课自身特点，即通过身体的各种练习，使体力活动与思维活动紧密相结合，掌握体育知识、技能和技巧；要遵循体育教学过程的规律，根据教学内容和学生情绪的不同，灵活组织教学。

其次，遵循体育教材特点，组织教学活动。小学体育包括田径、球类、技巧、武术、体操等多种教材，不同的教材有不同的特性。因此，教师在教学中要善于把握教材特点，挖掘教材潜力，改革传统教学形式，充分调动学生学习主动性和创造性，提高教学效果。

最后，体育教学不仅要遵循体育规律，还要遵循儿童身心发展的规律。要根据儿童的生理和心理特点，如有意注意时间短，兴奋过程和无意注意占优势，好奇、好动、好模仿、好竞争等现象来组织教学。

（二）丰富内容推进素质教育

体育教育是素质教育的有机组成部分，体育教育之目的就是通过初步学习和掌握体育的基本知识、基本技术和基本技能，完成锻炼身体、提高思想道德水平的任务，从而有效促进素质教育。

从体育活动的性质上来说，有利于发展学生的特长和才能。学生在活动中自己教育自己，有利于学生自觉地去接受教育，养成良好的纪律和高尚的思想品德。

从体育活动的组织上来说，形式多样，不拘一格，有利于学生的身心发展，有利于培养学生的观察力、思维力、想象力、创造力，有利于提高体育活动质量，提升学生综合素质。

从体育活动的目标培养上来说，要培养学生的"三种意识""四种能力"。所谓"三种意识"就是参与意识、实践意识和竞争意识，"四种能力"就是观察力、注意力、记忆力、想象力。

（三）体育课渗透爱国主义教育

一是通过体育教学活动培养学生的集体意识，增强爱国热情。由于体育教学的特殊性和组织方式的多变性，容易导致集体与集体、个人与集体的频繁接触，学生对集体间的竞争和对抗，胜与负比较敏感，情感流露比较真实。根据这个特点，我们积极帮助和引导学生树立正确的集体观念，正确对待个人与集体、集体与集体之间的关系，培养团结协作、互相配合的集体主义精神。

二是联系相关事物，引申教育内容。针对小学体育教材思想性不明显的情况，我们通过引申教学内容，来加强爱国主义教育。如在"快速跑"这一教学内容中，我们融入了"时间"概念。教师通过启动手中的秒表，把分分秒秒报给学生听，让学生体会时间和空间印象，然后将时间所包含的经济、文化等价值和学生分享，即通过珍惜时间，给国家创造财富，培养学生的时间观念。以此来培养学生兴趣，丰富学生知识，激发学生的爱国热情。

（四）体育教学风格形成的基本规律

所谓教学风格，是指教师根据各自的优势、特长，结合教学的具体情况，经常采用的一整套个性化的独特教法，以追求最佳的教学效果为目标。在体育教学中，形成独特的个体特征教学风格，是体育教师进入高层次教学境界的一个重要标志。它对学生学习态度的养成、个性特征的培养、学习氛围的创建、合作精神的养成等都有积极的作用。教学风格是体育教师在创造性劳动中逐步建立起来的"独特教学模式"，在建立的过程中既能体现出教师的教学思想、教学意识、教学技巧等内在的东西，又能表现出教学的教学行为、教学形式、教学效果等外部的特征。本节对体育教学风格形成的规律进行研究，旨在为提高教学效果提供参考。

1. 体育教学风格的基本特点

（1）突出个体性

体育教师的个性心理特征对教学风格有直接影响。如偏于多血质气质类型的教师，情感丰富，教态亲切，善于启发诱导学生，教学中反应敏锐，方法多样，因此，可以称为"民主型"教学风格。偏于胆汁质气质类型的教师，情感浓烈，作风果断，教学中兴奋性高，富有激情，动作幅度大，感染力强，因此，可以称为"激情型"教学风格；但当学生练习出现问题时，教师容易表现出急躁发火现象。而黏液质气质类型的教师，一般性情清高，教态稳健，教学中往往含蓄深沉，简洁明了，因此，可以称为"沉稳型"教学风格。但有时也会降低学生的学习兴趣。作为教师应有意识地发挥自己教学风格上的优势，克服不利因素，从而使个性心理特征与教学风格形成最佳的结合。

（2）追求稳定性

体育教师的教学风格一旦形成，将有相对稳定的特征。这是由教师的个性心理特征、知识结构、文化素养、工作环境、社会赋予的要求等所决定的。知识结构、文化素养的不同，会直接影响教师的思维模式、教学理念和治学特征，因而最终会孕育出不同的教学风格。教师教学风格的形成应有一个较为宽松的社会环境、有一个良好的研究氛围、有一个灵活的教学空间，只有这样才有助于教师开创性的工作，形成各自特有的教学风格，克服"高度统一""千人一面"的现象。稳定的教学风格有助于教师在相对的工作状态下进行教学，有助于学生在一定时期内逐步适应教师的教学风格，较好地理解教学目标，取得最佳教学效果。

（3）实现创造性

体育教师教学风格的形成，是一个长期实现创造性工作的过程。大量实践经验证明，教师教学风格的形成是有规律可循的，即未有风格、形成风格、打破风格、形成新风格。这种良性循环需要教师创造性地开展研究工作。当然，创造性的研究工作是随着教师教学经验的积累、知识水平的提高、职业要求的深化、学生需求的变化等情况进行的，往往是自觉与不自觉相结合的。如小学阶段的教学，以养护为主，参与意识和锻炼并重，注重培养兴趣，教学中较偏重引导、游戏形式的教学，因而易创造出"启蒙、生动、亲切"的教学风格。到初中阶段教学，就让学生在多种多样的运动条件下能够有意识地去活动，充分体验体育的乐趣。高中阶段教学，偏重于教会学生运用体育手段和方法，进行独立锻炼，进一步培养锻炼习惯，因而易创造出"严谨、规范、民主、生动"的教学风格。

2. 体育教学风格形成的过程

（1）模仿阶段

初为人师，有几个角色需要转换，即由学生向教师的转换、由过去的"学"向现在的"教"的转换、由被动的被人管理向主动的管理别人的转换、由随意的行为向规范的行为转换等。作为青年教师从主观上都有搞好教学工作的良好愿望，但往往又苦于角色转换较慢、教学经验不足，而无法达到预计的教学目标。那么，最直接、最有效的办法就是模仿，模仿老教师一辈的教学风格。一般模仿是从局部开始的，逐渐向全局扩散的，或先是形式的，后是内容的。如当一组好的教法和组织形式被青年教师模仿使用取得明显效果的时候，有心人就会进行一定的反思，分析这种事半功倍所产生的原因；如果套用相同的方法和形式教授不同的内容，也不会产生好的效果，此时一定要分析造成牵强附会的原因。

（2）选择阶段

青年体育教师在模仿老教师教学风格的基础上，已对不同的教学风格类型有了大致的了解，开始对自己感兴趣的教学风格进行选择。一般来说，青年教师首先选择的是与自己专业或专项相关的教学风格。这样更利于发挥专业特长，反映自我风格特点，体现了"一专"的要求，在以往的毕业生中专业体育院校表现得较为突出。其次是选择与自己专项有一定联系的教学风格，因为学校体育教学的内容很多，只靠专项教学是不够的。按照教学大纲要求，每位体育教师必须对所教授的内容有透彻的理解和掌握。所以要在专项的基础上扩充其他内容，同时必然涉及不同类型的教学风格。随着看课、观摩、分析课、研究课的增多，以及接触不同年龄体育教师的增加，选择的范围也在加宽，以体现"多能"的要求，在以往的毕业生中师范院校体育系表现得较为突出。

（3）定向阶段

当体育教师对众多教学风格特点有了较为清晰的认识后，还必须找准自己的定位，如何扬长避短地开展教学，逐步形成独特风格是十分重要的。一般来讲，可以根据自己的知识结构、文化素养确立教学风格。如知识面较宽的教师，教学讲解中能够旁征博引、挥洒自如，其教学风格必然呈现"洒脱流畅、生动活泼"的特点；而知识结构以专深见长的教师，教学中能层层递进，分析问题如抽丝剥茧，其教学风格也更为"深沉隽永"。也可根据自己的气质类型确立教学风格，气质是个人心理活动的动力特征，这种动力特征主要表现在心理过程的强度、速度、稳定性、灵活性及指向性上，气质对教学风格的确立和形成具有深刻的影响。另外，还可以根据治学领域的特点确立教学风格，治学领域的"土壤"不同，必将培养出各异的"风格之树"。

（4）创新阶段

体育教师教学风格的形成，实质是一个需要不断创新的过程。教师的教学风格一经确立，便以一个相对稳定的状态表现出来，但也并不是一成不变的。教学实践证明，教师教学风格的变化是一种螺旋式的上升。这与教育内涵的扩展、教学内容的更新、学生需求的变化、教师教育理念的提升有密切的关系。其中教师教育理念的提升是最为重要的，只有观念的更新、意识的超前，才可能带来行动的创新。一种教学风格的形成，蕴含着教师的创新意识、创新思维、创新能力、创新活动等。近年来，全国十城市优秀体育课观摩大会上所展示的优秀课，集中反映了我国中小学体育教学改革的最新成果，代表了广大体育教师的创新活动。

综上所述，体育教学风格是体育教师在创造性劳动中逐步建立起来的"独特教学模式"，在建立的过程中既能体现出教师的教学思想、教学意识、教学技巧等内在的东西，又能表现出教师的教学行为、教学形式、教学效果等外部的特征。体育教师教学风格形成于长期的教学实践，发轫于艰苦的探索，是教学一般规律与个人教学实践相融合的产物，是教学内容与教师灵感的交融升华，是教师个人创造性思维的结晶。教育管理者应善于发现和树立有"独特教学模式"的体育教师，创造性地开展工作。

（五）注意规律在体育教学中的运用

在教学中我们常常会遇到学生注意力不集中的问题，它是困扰教学效果的主要因素，学生是否集中注意力听课，和教师的讲课有直接关系，优秀的教师一定是课堂上的焦点，他的一言一行能吸引所有学生的注意，使学生在课堂上的心理活动集中指向他；注意是教师与学生的之间教与学的一个关键的心理活动，有一个磨合过程，这个过程它直接影响着师与生、教与学的默契，也影响着教学质量，学生良好的注意品质是教师在长期的教学训练中培养和发展起来的，利用注意的心理规律上好体育课，传授体育基本知识、基本技术和基本技能是我们教师探索和研究的方向。

1. 运用无意注意的规律组织教学

（1）合理利用刺激物的特点来组织教学

根据条件反射的强度规律，刺激物在一定限度内的强度越大，越能引起人的注意，课堂上影响学生注意力分散的诱因有很多，一切刺激物都会干扰注意力，我们要正确区分刺激物的良莠，新的教材、讲解的趣味、示范的优美、器材的新鲜感等都会激起学生的良性注意，尽量消除不良刺激物对教学的影响。

（2）采用不同的教学方法，吸引学生的注意

体育教学不同的教法可以转移学生的兴趣，变换教法能使学生从一个兴趣点转移到另一个兴趣点，持续不断激发出学生的兴趣，是吸引学生注意的前提，因此教师在

体育教学中充分利用这些条件，启发学生思考，分析动作之间的内在联系，集中学生的注意力，便于领会动作要领，掌握运动技能，组织学生身体练习时，还要注意变换方式，可采用竞赛、游戏的形式启发学生学习体育知识技能，调动学生的积极性，会收到较好的效果。

（3）利用语言的形象描述，吸引学生的注意

语言交流是体育教师进行教学和组织学生注意的重要工具，教师讲解时，声音的大小、语速及声调的变化都可以唤起学生的注意，直接影响着教学效果，教师的语言要言简意赅、生动形象且具有启发性，符合学生接受的能力，语言的鼓励与安抚能很好地帮助学生克服困难和心理障碍，能集中注意力，提高学习积极性。

2. 运用有意注意的规律组织教学

课堂上学生有意注意时间的长短，决定着课的成功与否，有意注意也称主动注意，它是有目的有意识的直接的自觉的心理活动，只有提高学生有意注意的能力，才能提高学习锻炼的质量，在组织教学过程中，要求教师不但要想着上好课，还要培养学生有意注意的能力。组织教学，集中学生注意力，提高教学效果。

（1）明确体育课学习的目的，提升有意注意的能力

学生对于为什么要上体育课，为什么要进行运动训练并非深知其目的。因此，教师对学生要经常进行正确引导教育，使学生明白终身体育有益身体健康，激发学生自觉积极地学好体育，锻炼身体，明确学习目的的教育还必须渗透到日常教学训练中，要求教师在教学的开始阶段就树立终身体育有益健康的思想，使之养成稳固的健身习惯，并自觉而为之。

（2）根据学生的兴趣特点，有的放矢

兴趣是集中注意力的重要心理因素，我们教师在教学过程中必须了解学生兴趣发展的各年龄段的兴趣特征，有经验的教师既会重视学生的直接兴趣，又会重视学生的间接兴趣，根据学生不同年龄段心理特点，在教学中引导学生思索及体能对抗的游戏方式，提高学生锻炼的积极性，还可以编一些通俗易懂简单易学的口诀，来提高学习的兴趣，对理解能力强的高年级学生可采用视频、幻灯教学，使抽象概念直观形象化，并用剖视、慢动作分解演示等教法，分析理解复杂动作过程的结构，培养学生的兴趣，吸引学生的注意力，提高教学效果。

（3）提升学生自我监督的能力，培养良好的行为习惯

良好的自觉行为是集中注意力的重要条件，学生自觉行为的形成要经过长期培养，因此，教师在教学过程中，对学生要进行常规教育，如按时作息、遵守校规、比赛规则、上课注意听讲、认真完成作业等，养成良好自觉行为，有助于培养学生不受时间、地点、条件的影响，养成注意的好习惯，提升有意注意的能力，适应自觉学习锻炼身体的价值。

3. 善于运用两种注意相互转化的规律组织教学

课堂上，一般来讲，学生的无意注意时间短频次高，有意注意时间长频次低，对刺激物的直接兴趣可以引接无意注意，而对刺激物的间接兴趣可以引起有意注意，两种注意在同一活动中又是相互联系和转化的，只注重无意注意，学生虽然有兴趣，但无坚强的意志和克服困难的能力，也不能完成既定的体育教学任务，注意是有实时性的，短时间内，情绪高涨，可以提高学生学习锻炼的效果，可时间长了，情绪消滞，会有厌倦感；因此，有经验的教师会合理安排教学内容，激发学生兴趣，通过适时的讲解示范演绎，引起无意注意；另外，要鼓励培养学生不怕困难专研学习的意志品质和探索精神，提高主动注意能力，在课堂学习锻炼过程中，应避免过多的重复的练习，以免产生消极情绪，要求教师要有不断的有关联的指导动作练习，交替练习锻炼，时刻保持较高的情绪和兴趣，促使两种注意的相互自然转化，从而来提高体育课的教学质量。

要上好体育课，在开始阶段教师要通过简洁明了新颖的讲解宣布课堂任务，引起学生的兴趣，激励学生想体验的欲望，在平常的体育课中，要不断地培养学生的注意品质，主动地去专注某些事物，形成注意的稳定性，提高学习锻炼就有了事半功倍的效果。

三、迁移规律在体育教学中的运用

迁移规律是体育教学中的客观存在，为正确认识迁移规律对体育教学的影响，提高教学质量，对体育教学中的迁移规律进行简要的分析，对迁移规律在体育教学中的应用进行探讨，并对应注意的问题提出建议。

（一）迁移规律在制订学年或学期计划时的运用

制订学年或学期计划时，除了贯彻教学大纲的统一要求外，还要注意教材分布的纵横关系。在教材的纵横关系中就要考虑到迁移的问题。纵的教材关系如进行标枪教学时，先教原地投掷，再教上步投掷，然后教助跑投掷。因为上步和助跑投掷的握枪、引枪有最后的用力到出手这些动作的基本环节和原地投掷相同，所教后两种投掷时只需把上步或助跑的技术与原地投掷技术连贯起来就行；在学习与原有动作结构相似的新动作时，大脑皮质由原已形成的基本环节或附属环节的运动条件反射即可作为新的动力定型的基础，只需补充一些基本环节或附属环节的运动条件反射，新的动力定型即可形成。因此，指定学年或学期计划时，应尽量在回忆旧知识的基础上引出新的知识技能，将具有共同因素的教材内容合理地安排在一起并贯穿练习起来，这不仅可以复习旧的技能，同时还能使学生更好地理解和掌握新的知识技能，以达到前面的学习是后面学习的准备，后面的学习是前面学习的发展。

另外，在制订学年或学期计划时，要避免运动技能之间的相互干扰。两种不同运动技能之间，动作技术主要环节不同，而细节部分相同，在学习时它们之间往往产生干扰。如掌握了单杠挂膝上，对学习单杠的骑上有干扰，这是因为前者要求屈膝，后者要求直腿，动作的基本环节不同，前者干扰后者。如果同时学习某两种技能，而且都没有达到熟练和巩固的程度，这两种技能就容易造成相互干扰，或者两种技能中有一种掌握得比另一种熟练，那么前者就容易对后者发生干扰，如学习了跳高起跳（单脚起跳）的技术动作后，对学习支撑跳跃的起跳（单脚上板、双脚起跳）就可能产生不良影响。两种运动技能，结构相似，速度相反，其中某一技能已经相当熟练，要想形成相反的技能动作时，就感到很困难，甚至出现错觉，如短跑和长跑，两者动作结构虽然相同，但在动作反应速度上对神经系统的要求呈现是完全两样的，故产生干扰。

（二）迁移规律在教学中的应用

1. 讲解、示范中的比喻与启发

在教学中，教师采用生动形象的教学语言，不仅能够启发学生积极思维和想象，而且能使学生加深对教材内容的理解。例如，学习前、后滚翻技巧动作时，教师用球做比喻，启发学生要低头、团身、屈膝使身体接近圆球形，才能像球那样进行前、后滚动。从而使学生心领神会，加深对动作要领的切身体验，加速对新技术的掌握。

2. 组织诱导性练习

（1）模仿练习的运用

根据相似的刺激物可以引起雷同反应的原理，组织适当的模拟练习促其产生正迁移，诱导学生逐步学习并掌握教材。例如，在铅球教学中，从徒手原地正面推铅球动作，到徒手原地准备姿势（蹬、转、挺、推、拨）的最后用力，再到滑步推球的模仿练习，对诱导学生逐步掌握正确的推铅球技术有帮助。其生理机制就是，通过模仿产生迁移，诱导学生学会并掌握教材。

（2）分解练习的运用

为简化动作的掌握过程，教学中常常把完整的动作合理地分成几个部分，然后按部分逐次练习，最后完整地掌握。例如，在进行排球正面上手传球教学时，可首先进行传球手形的练习，其次进行正确击球点的练习，再次进行蹬伸迎拨协调用力动作的练习，最后将以上三种练习串联起来，就会使学生完整地掌握正面上手传球的动作要领。每一个分解练习都给大脑皮质建立暂时性神经练习过程产生了痕迹效应。如果学生个体能正确、熟练地掌握每一个分解练习，则分解练习过程中产生的迁移就能使学生收获良好的学习效果。

（3）辅助性练习的运用

辅助性练习是指为发展某种动作所需的身体素质的练习。体育教学中，为使学生更快、更好地学会某项技术，而选用一些辅助练习来发展该项技术所需要的身体素质，确实有利于素质和技能迁移。例如，在推铅球教学中，为提高铅球出手的初速度，必须发展学生推球的力量，因此常常选用一些发展臂力、腕力、指力的练习，诸如俯卧撑、俯卧撑推手、俯卧撑击掌等，以发展掌握技术所需的力量素质。

3. 充分利用学生已有的知识、经验促进学习的迁移

选择提倡生活中较为熟悉的动作概念，给学生以生动、形象的诱导。由于学生对这些动作、姿势印象比较深刻，因而容易接受和体验，如学习前滚翻时，教师可以用"篮球滚动"来启发学生；要求跳远踏跳的起跳腿快速蹬离地面时，可用"赤脚踩在滚烫的铁板上"的比喻来提示。语言简练、准确，便于学生回忆，指导自己练习。

可见，迁移总是以先前的知识、经验为前提的。有关的知识技能掌握得越多，越容易举一反三，触类旁通。

4. 建立学生良好的心理状态，促进技能的迁移

针对不同学生的不同气质类型进行心理疗法，好胜心强的学生可用"激将法"，性格内向的学生则多运用心理暗示，使他们产生强烈的学习欲望，从而有利于加快运动技能的迁移和巩固。因此，教师在整个教学过程中都应帮助学生形成有利的和消除不利的心理状态。

总之，迁移是体育教学中普遍存在的规律，每一位体育教育的工作者，自觉地认识和合理运用迁移规律，使学生在学习动作时收到事半功倍的效果，从而提高教学质量。

第四节 体育教学的结构和原理

一、体育教学结构

（一）体育教学结构模式

体育教学活动存在于一定时间流程与空间形态中。时间控制，主要表现在教学方法安排序列上；空间形态，主要表现在教学组织形式上，而教学结构是实现教学目标、实施教学内容、贯穿教学方法和教学组织方式的必要保证。课堂教学结构是目标、内容、

组织教法的一根纽带，因此，教学结构模式的设计历来都是教学研究的一个重要课题。

在此试对我国学校体育的课堂教学结构做一浅析，以教师主导，学生主体的教学思想为指导设计课堂教学结构模式，旨在与同行们讨论丰富的体育课堂教学结构。

1. 当前我国体育课堂教学结构存在的主要问题

目前我国体育教学中，以运动技术、技能为主要基本内容，并需要完成多个教学目的的综合课，大多数教师也都习惯于按照传统的"综合课结构"去上课，每堂课的顺序都是由"组织教学、复习巩固、讲授新知、巩固新知、布置练习"演变而来的体育教学结构。这样的结构看似完整规范，但也存在以下弊端：

（1）知识中心的教学结构跟不上教学目的的发展进程

从传统课堂教学结构上来分析，形成以传授运动技术、技能为中心"为教技术而教技术"的知识中心教学结构。然而教学目的的基本内容结构应该为"个性和谐发展观"，且这个教学目的在不断扩充和发展。而目前的体育教学的知识中心结构，远未跟上教学目的的发展进程。

（2）以"教"为中心的课堂教学结构忽视了学生学习的主体性

体育课堂教学大多采用"分解教学—练习—分解教学（N）—练习—完整教学"的递进式结构，缺乏运动的整体感知，缺乏学生已有的运动技能和新运动学习的"矛盾"设计，忽视了学生认识活动的心理过程，没有反映出学生学习的规律和主体积极性，教学矛盾偏重于教。

2. 新型体育课堂教学结构模式

新型体育课堂教学结构模式主要的构成因素为完整的课堂教学论结构、灵活多变的教学法结构和有序递进的心理逻辑结构。

（1）教学论结构

体育教学论是研究和说明体育教学的现象、基本因素、本质及内在规律的一门科学和学科。教学论结构反映了学科内容、教学逻辑和包含特殊认识过程的课的三个基本阶段，是组织课的一般指令、一般做法。

（2）教学法结构

教学法结构是对组织一节课的总指令和总算法，是一个紧密联系的统一体，但又是相对稳定的。教学法的实施顺序和方式可以经常变化，并可以通过某种教学方法的教学法展开并具体化。如情景和问题教学法，课的开始阶段是通过创立问题情境或提出假说等方式引入新的知识；在解决问题或论证假说的过程中附带现实化；也可能以检查或复习上次课所学习的知识；等等，根据课堂教学目标和教师灵活运用的教学方法体系而排序。

教学法结构的因素就是教师的"教"和学生的"学"所构成的各种活动种类，如讲述、模仿、练习、巩固等，是教学的具体体现，"教""学"的可变性为教师创造性、学识和教学法技巧提供了广阔空间。

教学组织形式也是其中重要的因素。"分"与"合",分小组教学与班级教学的协调,即"班级教学—小组教学—班级教学"。首先集体同授的主要目的是让学生对整体知识的感知,营造群体学习心理氛围和为后续的分小组学习做准备。分解教学采用小组学习,主要体现在学习新技能的阶段中。最后再进行班级教学,这里的"合",是反馈教学情况,通过讲评小结,提示重点与难点,将知识条理化、结构化的整合过程,并对"合"中反馈的问题,进行教学回授和纠正。"合—分—合"的操作,既可单轮分合,也可多轮分合。其轮次取决于教材、教学需要及教师的教学控制能力。

(3)心理逻辑结构

心理逻辑结构是联结教学论结构和教学法结构的内部逻辑环节。掌握知识的过程总是从对事实、事件、规则等的"感知"和"意识"开始的,然后由比较、对比、解释等引导学生到对新知识的"理解"和"领会",最终将新知识"概括"地融入以前掌握的知识体系中。心理逻辑结构只能通过教学法来表现,如"复现"通过提问、练习等表现出来;"理解"通过正确的回答、分析运动结构、技术正误判断和正确运用(技术、原理、规则)等表现出来;"概括"通过能够正确组合知识的结构,正确地确定新知识在已掌握的知识体系中的地位等表现出来;等等。

在课的内部结构中还以是否包括探索性活动的步骤而分为两种不同结构的课,一种是复现性掌握的课(非问题性教学的课),另一种是创造性掌握的课(问题性教学的课)。

由上述可见,在学校体育课堂教学的结构模式中,保证外部教学法结构与内部心理逻辑结构的最优组合,是成功设计一堂课的关键所在,是课堂教学结构的灵魂。

3. 新型课堂教学结构模式所孕育的功能

(1)课堂教学结构模式体现了教学过程的矛盾和矛盾的发展过程。从课堂教学结构模式的整体结构上分析,"再现已知的知识,在新情况下理解原有知识"和"建立问题情境,提出问题",形成学生已有能力和知识水平与新授知识之间的矛盾;"感知新教材,思考理解"和"提出设想和假说",形成解决教学矛盾的过程;"概括,运用"和"检查解决问题的正确性"解决矛盾。教学矛盾贯穿整个课堂教学结构,并成为引导和带动整个课堂教学过程的动力。对矛盾的主、次转化分析,结构的开始阶段的"教"处于矛盾主要方面,而"学"是次要方面,教师主导作用使教学的主要矛盾由"教"落实到"学",最终使学生成为占支配地位的教学主体。

(2)课堂教学结构模式突出体现了学生的主体性。课堂教学结构模式的"完整教学—分解教学—完整教学"有利于学生的运动体验和对运动的整体感知,是引导激发学生主体积极性的重要结构;"班级教学—小组教学—班级教学"发挥了学生主体能动性和小集体思维的小组教学作用,适用于学生的需要、兴趣、爱好、能力和发展潜能,有利于实现学生个性充分和谐的发展。

(二)体育教学的结构生成及其社会功能

体育教学是一个复杂而有规律的系统,由多层要素组成,在推进体育教学的改革和优化过程中,对其进行教学结构分析,能全方位加深对体育教学的认识,同时加深对体育教学社会功能的认识。

1. 体育教学的本质和教学结构

体育教学是由多种要素构成的,如教师、学生、课时、教材、教学方式、教学反馈等。

其中,教师和学生是体育教学构成的基本要素;另外,体育教学要以实现体育课程为目标,以教材和体育器材为载体,在一定的场地环境下进行系统性教学。

体育教学是团体教育,更是终身教育,也是情感交流和身体发展同时进行的教育。因此体育教学的结构生成应当融合个人认知、情感交流和身体发展。

(1)个人认知。

一般来说,学校教育对个人认知能力的主要表现形式有三种:一是概念性认知,即通过语言等形式形成对外界的概念性理解。第二个是形象认知,通过一定的形象或者对某个形象的想象形成对外界的认知。第三个是运动性认知,通过身体与外界的接触形成的认知。

体育教学属于运动型认知,从而确立了体育教学在教学体系中的地位。

另外,在体育学习中,学生首先通过语言和文字了解基本体育知识,然后通过示范对体育动作形象有所了解,最后通过身体对体育运动产生认知。

(2)创造良好的情感交流环境。

体育教学能使学生在运动和竞技中不断地发现自我、完善自我。因此,创立良好的情感交流环境,也是体育教学结构中的一个重要组成部分。情感交流能激发学生学习体育的积极性,满足学生的表现欲,实现情感的交流和满足。

(3)促进身体的全面发展。

体育教学是直接通过身体对世界产生认知。其教学结构首要一点就是促进身体的全面发展。首先通过多种方式进行体育锻炼,培养健壮的体格。其次,建立正确的体育意识,培养意志力和体育竞技精神。

2. 体育教学的社会功能

(1)构成学校整体社会功能的一部分。

体育教学是学校教学的一个重要组成部分,因此它的社会功能发挥也是包含在学校教学的社会功能中。学校教育的直接作用是帮助受教育者成为一个独立完整的人,形成个人的"文化形成"。而受教育者的"文化形成"也是把他归属到社会群体中的一个重要考核标准,并且促使受教育者本人在社会中发挥不同作用。

受教育者的"文化形成"是由接受各个学科知识的传授形成的一个整体系统,因此体育教学的社会作用是帮助学生形成自身的体育文化。

另外,人类社会的不断发展中也形成了多种多样的文化,体育文化就是其中之一,而体育教学正是对人类社会体育文化的传承。

(2)提高学生适应社会和自然环境的身体素质,提升全面素质。

体育的目标是强身健体,增强体质,锻炼意志。学校的体育教学通过多种方式和教学手段来实现这种目标。学生在体育教学中实现体育能力和身体素质的提升,那么在体育教学中打下的身体基础,有助于增强学生适应社会环境和自然环境的能力,这也是人生存的基本能力之一。

人是社会的组成部分之一,个人身体素质的提升,是构成全民身体素质提升的基础。

(3)提升人际关系等社会交际功能。

人际交往是社会活动中必不可少的一部分,也是一个人适应社会的一种必备能力,在社会发展中起着信息交流、情感沟通的重要作用。体育教学的教学方式和教学目标,在帮助学生锻炼身体、增强体质的同时,也在锻炼着学生与他人沟通的能力。首先是学生和教师的沟通和互动,其次是学生之间的互动,另外,体育教学能培养个人对团体或者集体的社会需求心理。

(4)促进心理健康。

体育能保持人的心理健康,缓解现代社会带来的种种生活压力,在提高人身体素质的同时,促进心理状态的良性发展,因此体育教学能对学生的心理状态产生积极影响。体育是一种个人与团体互动的过程,在身体得到锻炼和舒展的同时,会对人的心理产生极大影响。适当的体育运动,能化解心里的孤独和悲伤情感,激发人的积极性和主动性。学校体育教学在学生性格养成中也发挥着十分重要的作用。根据相关调查研究,体育教学能帮助学生养成积极、乐观的性格,增强学生的自信心和意志力。

综上所述,体育教学是一个完整的教学系统,其内部构成要素和结构之间的关系直接影响着体育教学的效果,促使学生通过体育教学获得身体、心理和精神上的满足,体验情感交流的快乐,并且展开形成体育文化修养,养成终身体育的意识。体育教学不仅注重"体",更注重"心",让学生在体育教学中认识体育运动的本质,从而建立正确的体育意识。

二、体育教学的原理

体育教学的原理简单来说就是进行体育学习或者教学时候的一些规律，在学生学习体育技能的时候客观存在的一些规律。这是和动作的难易程度、性质，学生自身的一些条件、努力的程度，老师的教学水平以及设备和气候有着直接关系的。

（一）学习运动技能的规律和给其造成影响的一些要素分析

现在通过对于运动技能的一些学习规律的研究，得到认可的研究成果主要有以下两种，首先是整体结构理论，在进行技能学习的时候主要分成认知阶段、联结阶段以及自动化阶段；其次是联结理论，在学习技能的时候主要是分成了三个各具特点却又相互联系的阶段，也就是局部动作掌握的阶段、整个动作能够初步掌握的阶段以及对动作进行完善和协调的阶段。影响学生运动技能的掌握的因素很多，主要在反馈和练习两个方面。在进行练习的时候，影响因素主要是进步的实际情况、练习的时间方面的分配、练习的方法是否正确。若是学生进行单纯的动作学习，取得的进步是比较小的，学习技能的时候可以通过反馈的方式。学生对联结结果的了解程度也会直接影响效率的提高。

（二）运动技能教学的教研规律

在进行体育教学的时候，教学规律有一定的共性，但是由于项目的不同，教学方法和时间的安排都会有一定的不同，这也是教学的个性，此处便针对其个性进行了分析，探讨了和会能度有关的教学规律。

1. 教学时数和运动技能与会能度分类之间的关系

（1）会与不会区别比较明显的运动技能。在教学的时候，蛙泳和独轮车这两项运动会与不会之间区别比较明显，并且调查显示，蛙泳需要 12 个学时才能够学会，而独轮车的直线骑行则需要 10 个学时。用时比较长的主要原因在于运动的复杂程度高，蛙泳和独轮车都是比较难的项目，在对这种项目进行教学的时候则应该安排的时间长一些。

（2）中间型的一些完整运动技能。这些运动技能不是很复杂，但是包含的一些元素比较多，和学生的日常生活有一定的关系。这种技能由于包含多元动作和单一动作两种，所以在教学安排的时候应该根据实际情况进行选择。单一的运动可以安排小单元或者中单元的教学，而那些多元动作结构的技能则应该根据实际情况安排大单元或者中单元的教学。

（3）会或者不会区别于比较小的运动技能。这类技能包含了动作和元素都比较少，并且也很简单，和我们的日常生活联系紧密。所以在教学的时候难度比较低，学生稍微一学习或者是不学习都能很好地把握，这类的运动在教学中，可以安排很少的时间进行练习。

2.教学方法和运动技能会能度分类之间的关系

（1）采取分解教学法进行教学，将运动的完整技能分成几个小的部分，一段段进行动作教学，分解法包括的主要类型是"简化法""部分法""分割法"。

对于那些会或者不会区别非常明显的运动技能，采取分解法教学能够把整个运动简化，根据其复杂性的特点可以通过掌握运动的部分来进行整体掌握。由于运动技能有一定的组织性，构成部分之间有一定的联系，特别是先后顺序，并且动作的重复性比较低，这也给分解教学提供了方便。但是会和不会区别比较明显的运动本身比较复杂，但是技能自身空间组织性是有一定区别的。比如说进行篮球的跳投，其空间组织性比较高，在进行教学的时候，不能够采用分割法，所以可以采用简化法的办法进行教学，在保证动作完整的基础上降低其难度。

对于那些中间型的运动技能，也能够采取分解法教学，这类运动本身具有复杂性，但是这类运动对时间和空间的要求比较低，所以可以采用分解教学的办法。

（2）完整教学法的运用。这种教学方法是指整个动作一次性教完，对于那些比较简单并且组织性比较高的运动比较适用。

中间型中的分立运动自身的复杂性比较低，包含的元素也比较少，还有一些中间型的运动自身对于时间和空间的要求很高不能进行分解，所以可以采取完整教学的办法进行教学。

那些会或者不会不存在区别的技能，其本身的匀速比较少，并且对空间时间的要求比较高，不能够进行分解，所以可以采取完整教学的办法来开展教学。

（3）教学步骤和运动技能会能度分类之间的关系。

体育教学的时候，教学步骤应该是比较清晰的，老师在进行教学的时候，必须明确每个步骤之间的联系，对于那些比较难的运动技巧，老师可以先进行分解，学生掌握了部分之后，再采用完整教学的方法，让其将每个步骤联系在一起。

研究运动技能教学对于体育学理的主要意义在于，把握教学中的规律，让学生更好地掌握每个动作。老师也可以通过教学得出更多的经验，以便更好地进行教学。

第二章 体育教学思想的革新与发展

第一节 现代体育教学改革的教育思想

体育教学思想观念的创新能在很大程度上带动体育教学的发展，促使体育教学向着科学化、先进化的方向发展。对近现代国内外体育教育发展的研究表明，体育教学要想取得良好的发展，没有一个先进的、符合现代教学要求的体育教学思想是根本行不通的。多年来，我国体育教学工作研究者对体育教学的目标、任务、方法、手段等问题展开了深入而具体的研究，这在很大程度上推动了我国体育教学的发展。

一、近现代体育教育思想的形成

（一）自然主义体育教育思想

欧洲文艺复兴时期，自然主义体育教育思想诞生。这一教育思想的基本原则是体育教育应以"自然教育"为中心，按自然原则，利用自然手段对儿童进行合乎自然的体育教育，要根据儿童的兴趣和需要来合理选择体育教育内容。另外，本理论还认为要想使儿童成为一个全面发展的人，就必须将儿童置身于大自然，让儿童在大自然中获得进一步的发展。这一教育思想在历史上延续了数百年，影响力深远。这一思想观念既有优点，又有缺点，具体表现如下所述。

1. 自然主义体育教育思想的优点

第一，它充分肯定了体育在人的成长过程中的作用及意义，并提出了一套自然主义的体育方法，能促进人类自身良好的发展。

第二，它注意到了兴趣和需要（人的心理）在体育教育中的作用，在当时具有一定的先进性，在现代教育观念中也有着不可磨灭的作用。

2. 自然主义体育教育思想的缺点

第一，它以"本能论"为立论基础，认为人的兴趣和需要也都是源于人的本能，具有一定的片面性。

第二，把体育混同为教育，突出强调了文化教育功能而忽视了增强体质这一体育的本质功能和主要目的。这种错误的认识导致体育教学中出现"放任自流"的现象，进而导致人们对体育的教育性和科学性产生怀疑和误解，不能科学地认识体育的本质。

（二）体质教育思想

体质教育思想的基本观点是：体质教育的根本目的就是增强体质，促进健康，使学生的身体形态、机能和基本活动能力得到全面的发展。体质教育与强身健体之间是密不可分的，体育教育的真正意义就在于增强人的体质、完善人的身体，这也是体育区别于德育、智育和美育的地方。这一观点充分认识到了体育教育的特殊功能——增强体质、完善身体，对增强学生体质、增进学生健康起到了非常重要的作用。但在这种教育思想下，教学目标过于狭窄，教学模式过于单一和刻板，过分强调了体育教育的生物属性和身体发展性，而忽视了体育教育的教养性和教育性，这种做法是不可取的。

（三）折中主义体育教育思想

这一教育思想的基本观点是：在体育教育过程中，一方面要坚持"技术观"，另一方面要坚持"体质观"，是自然主义教育和体质教育的综合。这一教育思想认为体育教育要试图克服上述两种体育教育模式的不足而各取所长，但它也在一定程度上导致了体育教育思想的混乱，学生既要实现技术水平的提高，又要实现体质的增强，这是一个比较难以解决的问题。因此，寻求一种科学的教育思想观成为现代教育的需求。

二、新课程改革下的体育教育思想

随着课程改革的不断进行，体育教育思想也发生了很大的转变，一些落后的、难以适应时代发展和教学需要的旧思想为先进的教学思想所取代，极大地促进了体育教育的发展。

（一）新课程改革下体育教育思想的转变

新课程改革下，体育教育思想发生了很大的转变，这些转变突出表现在以下几个方面。

1. 贯彻"健康第一"的指导思想

学校教育要树立"健康第一"的指导思想，切实加强体育教育工作。健康第一，不仅是学校教育的指导思想，同时也是体育教学改革的指导思想。合理的体育教学是以身体练习为主要手段，合理选择运动负荷，力求培养和提高学生的自尊、自信、意志及团队意识、合作精神、竞争能力、创新意识、人际交往等方面的能力，使其更好地适应社会。现代先进的体育教育思想能把身体健康、心理健康与社会适应的目标与教学内容、方法及学习评价等较好地结合起来，从而形成良性互动。

2. 突出了学生学习中的主体地位

在体育教学中，学生是体育学习的主体。体育教育新课程标准强调要"以学生发展为中心，重视学生的主体地位"，主要表现在：比较重视自主学习、合作学习和探究学习等学习方式的运用促使学生主动积极地参与学习和锻炼；重视组织教法的创建，激发学生体育学习的兴趣，使学生获得积极的情感体验；尊重学生的个体差异，注意因材施教，使每一个学生都学有所得；加强对学生的学法指导，重视学生自我评价与相互评价的运用，帮助学生学会学习。只有学生的主体地位得以确立，以学生为中心进行教学，才能促进学生全面的发展。

3. 注重创建良好的教学氛围与和谐的师生关系

新的体育教学思想注重运用情境教学、快乐教学、主题教学、体育游戏、激励性评价、师生互动、合作讨论等方法和手段来营造良好的教学氛围，使学生能积极地投入到体育学习之中。和谐的师生关系是学生主动学习的前提之一，也是学生获得积极的情感体验的重要因素。现代先进的体育教育思想要求：体育教师关心学生，以身作则，发扬教学民主精神，倾听学生意见；学生尊敬教师，自觉维护课堂教学秩序，在课堂讨论中畅所欲言；师生之间、同学之间形成良好的教学气氛，从而促进教学水平的提高。

4. 关注学生的运动情感体验

在体育教学中，学生的情感体验非常重要，它是培养学生体育学习兴趣和终身体育意识的关键，同时也是学生积极主动学习的重要条件，是促进教学质量提高的重要因素。现代体育教学思想能根据学生心理活动的规律来组织教学，能满足学生的心理体验，提高学生的学习兴趣。

5. 重视课程资源的开发利用

新课程标准主要强调课程目标的统领作用，由体育教师根据学生的身心特点合理选择教学的内容与方法，这是符合体育教学实际的做法。在新的体育教育思想的指导下，有的体育教师还开发出一系列具有较强健身性与趣味性的教学内容，极大地提高了体育教学的质量。

6. 科学的体育学习评价

在体育教学评价中，多元学习评价是新体育课程改革的一个亮点，这种教学评价突出的是学生的自我评价与相互评价。在评价内容上，既注意了知识技能、运动参与和学习态度的评价,又注意了合作精神与情意表现的评价,能在很大程度上提高学生学习的积极性,促进教学水平的提高。这一教学评价虽然取得了一定的成绩,但在实际运用中也存在着一些问题和不足,主要表现在以下几个方面。

(1) 学习目标存在问题。有的学习目标不够明确、具体,难以进行检查评价;有的学习目标没有体现区别对待、因材施教的原则;有的学习目标过多,不利于教学;有的学习目标表述不够规范,制定得不合理。

(2) 忽视运动技能教学。这主要表现在几个方面:第一,偏重选用技术含量较低的教材;第二,教学中缺乏对学生的指导;第三,用于运动技能学习的时间偏少;第四,缺乏对教学质量的要求。

(3) 自主学习、合作学习、探究学习是现代比较先进的教学模式,但是有些教师在具体运用时,只关心外在的形式,对其实际效果重视不够,导致教学效果欠佳。

(4) 在课程资源开发利用上,对各种资源的整合重视不够,对已有资源的有效运用不够充分,有的课在资源利用上还存在一定的浪费现象。

(5) 在学习评价方面,教师在运用激励性评价时存在言过其实的现象,向学生传递了不真实的信息致使学生的学习受到影响。新课程改革为体育教师的能动性提供了更大的空间,广大体育教师应认清形势,牢固树立终身学习的意识,认真把握好新课程标准,不断探索新的教学方法、手段、模式等,不断提高自己的专业化水平,促进教学质量的提高。

(二)新课程改革下的先进体育教育思想

随着现代教育的不断发展,涌现出了众多先进的教育思想,这些思想对我国体育教育的发展产生了深刻的影响,其中影响力较大的有"终身体育"的教育思想、人本主义教育思想等。下面主要阐述终身体育思想对我国体育教育的影响。

1. "终身体育"教育思想的概念

终身体育是指在人的一生中都要进行身体锻炼和接受体育教育。具体来说,就是一个人从生命的开始到生命结束,都要适应环境与个人的需要,进行身体锻炼,以取得生存、生活、学习与工作的物质基础或条件。终身体育既是指人从生命开始至终结,在整个过程中都要参加体育锻炼,使体育成为日常生活中必不可少的内容;又是指以正确的体育观与方法论指导人生的不同时期、不同生活领域中参加体育活动的实践过程。终身体育本身是思想意识和行为倾向的有机结合,体育意识是终身体育的思想基础。体育意识的强烈程度直接影响人们终身体育思想的形成。终身体育强调个体生命整个过程中不同时期的体育,即体育健身贯穿于生命的全过程。经过一段时间的发展,这一思想逐渐确立了在体育教育中的地位,成为现代先进的体育教育思想。

一般来说,终身体育由相互联系、相互影响的学校体育、社区体育、家庭体育构成,共同作用于个人,并要求学校、家庭、社区均应开展体育活动,为人们提供参加体育活动的机会。终身体育贯穿于人的一生,对社会而言是全体国民的体育,二者的统一是终身体育追求的最高目标。

终身体育思想的形成是人类自身和社会发展的必然要求。在学校中开展体育教育,并向学生灌输终身体育的理念,对于大学生的成长及对社会的适应都具有重要的作用。

2. 终身体育的特征

(1)体育锻炼时间的终身性。终身体育之所以是一种先进的教育思想,就在于它突破了传统的学校体育目标,强调学习和掌握运动技能的观念,使学校体育教育获得了进一步发展。传统的体育教学观念把人接受体育教育的时间仅仅局限在在校学习期间,体育锻炼的内容也局限于体育知识、运动技能的学习和掌握。而终身体育则要求根据个体生长发育、发展和衰退的规律和阶段特征进行科学的身体锻炼,体育锻炼要贯穿人的一生。

(2)体育锻炼群体的全民性。终身体育锻炼具有全民性的特点,这是指接受终身体育的所有人,在对象上有儿童、青少年、成人和老年人等,在范围上有学校体育、家庭体育、社会体育等。而终身体育为指导开展全民健身运动,其实质是群众体育普及的进一步发展,以实现广泛普及化。在现代社会,每一个人都要学会生存,而要学会生存则离不开体育。因为生存发展是时代的主流,要生存就必须会学习、运动锻炼和保健,人们要想更好地生活,就要把体育与生活紧密联系在一起,在参与体育活动中终身受益。

(3)体育锻炼目的的实效性。终身体育的最终目的是维护和改善人的生活质量,增进健康,延年益寿。终身体育是以适应个人发展和社会发展为根本着眼点的。人们为了改善自己的生活质量,根据自身条件合理选择适合自己的体育方式,做到有的放矢,具有较强的针对性和实效性。总之,终身体育锻炼要有明确的目的,要能促进自身的全面发展和终身发展。

3. "终身体育"教育思想的意义

(1)提倡终身体育的思想满足现代化社会发展的需要。终身体育的一个重要目的就是增强体质,这也是我国社会主义体育事业最本质的特点。社会劳动力都是由不同年龄段的人组成的,都面临着如何保持身体健康和能够适应社会分担的一份工作。提高劳动生产率,除了靠科学技术水平的提高外,还是需要掌握科学技术的人创造物质产品,来满足人类生存发展的需要。要适应现代社会发展的需要,要保持身体经常处于最佳状态,就须在人生的不同阶段选择不同的身体锻炼形式与内容。无论是何年龄段、何种职业,都面临着对它的选择,以保证自己身体更加健康,精力更加充沛,适应社会的发展变化及未来生活的需要，而这种伴随人生一起发展的体育，就是终身体育。社会现代化程度不断提高，现代人把经常从事身体锻炼作为生活方式的一个重要内容与标志，是人类文明发展的必然。全民族都能做到天天坚持身体锻炼，并养成自觉的锻炼习惯，反映了一个国家的文明程度，展示了现代人的生活方式，从而促进了社会的发展和进步。

（2）迎合终身教育思想，促进学校体育改革。终身体育不是只追求某一特定的运动技能和运动的熟练程度，而是学会能自我分析自身的身体锻炼和运动实践的综合能力，注重培养学生对体育的爱好、兴趣，养成锻炼的习惯，注重学生掌握系统的体育基本理论知识和科学的身体锻炼方法以及检查评定方法，形成终身体育的意识、思想和能力、习惯，对学生自觉、自愿参加和组织体育活动的能力提出更高的要求。终身体育思想的提出加快了体育教学改革的进程，成为体育教学中重要的指导思想。

（3）满足体育生活化的要求。大众体育发展的动力是体育生活化，生活化的体育是社会进入小康社会的必然产物。在现代社会，人们生活的价值容量在不断地扩大，生活与体育之间的联系越来越密切。人们在每个阶段参与体育锻炼，能增强自己的体育意识，提高对体育锻炼的认识并形成自觉自愿的锻炼风气，这已经成为社会发展的必然。社会成员终身体育意识的形成，对推动群众体育的开展，提高群众体育活动的兴趣，促进文化交流都具有重要的意义和作用。终身体育注重人的个体性，并且着眼于人一生中的不同年龄阶段、不同的生活环境、不同的职业特点来选择不同的内容和方法，采用不同的形式进行身体锻炼，可以终身受益。虽然我国的大众体育获得了一定的发展，但受场地、器材、经费和组织等因素的影响，我国每年开展群众体育活动的次数是非常有限的，其时效性也不高。因此，大力倡导终身体育的观念，增强体质是实现体育生活化社会发展的要求。

社会对体育的需求是体育发展的动力，经济的不断发展又促进社会对体育的发展提出要求，同时，社会经济的发展也为体育事业的发展提供了经济投资的可能。终身体育就是在经济发展的条件下，不断向社会提供体育劳务这种特殊的体育消费品，人们通过体育锻炼能达到强身健体、丰富业余文化生活、提高体能和心理素质的目的，从而促使人们更好地将精力投入到经济建设中，从而促进社会经济的发展。

第二节 体育教学思想的整合和引领

纵观我国整个体育发展史，我国体育教学思想受外国教育思想的影响较大，如捷克夸美纽斯"大教学论"教育理论、英国洛克"绅士教育"、法国卢梭"自然教育"、瑞士裴斯泰洛齐"和谐发展课程"、英国斯宾塞"科学教育"、美国杜威"儿童中心思想"等。进入21世纪以来，瑞士皮亚杰"建构主义"、美国加德纳"多元智能理论"、法国米歇尔·福柯和雅克·德里达"后现代主义"等，都对我国的体育教学思想产生了重要的影响，在我国，康有为、蔡元培、梁启超、严复等学者的教育思想也占有一定的地位。由此可见，我国的体育教学思想呈现出"百花齐放、百家争鸣"的局面，因此，对我国体育教学思想的整理就显得尤为必要了。

一、体育教育思想整合对我国体育教学的影响

通过对我国体育教学发展的研究发现，中国体育教学发展史是移植、吸收、内化国外教育理论，并不断进行中外文化交融，实现中国体育教学学科现代化、科学化的历史。通过对国外教育思想的整合与研究，不仅可以帮助我们更好地了解国外先进的体育教学思想，同时也能帮助我们更深刻地了解中国体育教学现代化演进的脉络和发展现状，从而为我国体育教学的发展奠定坚实的基础。

国外体育教育理论与思想的引入，对我国体育教学的发展产生了积极的影响和作用，但也存在着一定的局限性。因此，我们在探索与研究中国体育教学思想的发展过程中，要采取辩证的眼光看待国外教育理论与思想的引入，既不能全盘否定，又不能照搬照抄，而应取其精华，去其糟粕，对其进行扬弃式的吸收，这样才能更好地促进我国体育教学的发展。

二、加强国外与我国体育教学思想之间的融合

比较与融合中外不同的体育教学思想，指出二者之间的差异性非常有必要。通过对比，我们既要吸收外国体育教学思想中的优秀部分，又要摒弃其糟粕；既要总结我国体育教学优秀的思想，也要放弃不合时代的内容，同时还要比较中外文化背景差异性，比较中外体育教学思想的共性与差异性，从共性中寻找结合点，从差异性中寻觅不同的功能，把中外体育教学思想有效地整合起来，从而促进我国体育教学的发展。

三、深入研究体育教学中存在的各种矛盾

在体育教学中存在着各种矛盾，如何采取恰当的方法处理这些矛盾是保证教学工作顺利开展的关键。在体育教学中存在的主要矛盾有传授知识（运动技术）与掌握技能之间的矛盾，学生身心发展的矛盾。

首先，在体育教学中存在着传授知识（运动技术）与掌握技能之间的矛盾。一般来说，运动技能的形成具有自己特定的规律，但是需要传授的运动技术（教材）却很多。因此，在教学实践中存在着大量的低水平重复或者是学而不会的现象，究其原因是在教学设计过程中没有遵循运动技能形成的规律，教材选用不合理，教学方法不恰当，考评标准不合理等，导致最终的结果是学了体育十余年，真正掌握的运动技能"百无一会"。那些运动技能掌握情况很好的学生并不是在体育课上学会的，而是在课外凭借自己的兴趣摸索与锻炼学会的。因此，正确处理掌握知识与运动技能之间的关系，需要转变旧有的思想观念，将这一理念贯彻在实际教学中。

其次，在体育教学中还存在着身心发展的矛盾。身心发展观是坚持一元论还是二元论，是一个哲学与世界观的问题。我们在体育教学理论与实践研究中，往往会有所偏颇，体质论学派长期坚持身体发展论，认为体育教学的重点应该是发展学生的体质。目前有的学者又大力提倡体育教学发展学生的心理与社会适应能力方面的功能，把心理发展推到体育教学功能的前台，这些都是不合理的。对体育教学而言，身心发展是一元的。学生的身体与心理都需要借助运动技术传习这个手段实现和谐发展的目标。我们只有秉持这个思想与理念，体育教学理论与实践研究才不会走偏。

第三节 现代体育教学的发展分析

一、现代体育教学发展背景分析

（一）社会经济的发展

体育的改革与发展依托于社会的进步和经济的发展，因此，社会经济的发展对体育及体育教学的发展具有重要影响，社会和经济的不断进步是现代体育及体育教学发展的重要现实背景，具体表现在以下几个方面。

1.经济的发展促进体育设施建设

目前,我国对教学设施的投入力度不断地加大,学校体育教学的物质环境得到了极大的完善,这对学校体育教学的发展具有重要的促进作用。

2.社会压力的不断加大

当前社会生活节奏快,竞争激烈,人们的心理压力越来越大。以大学生为例,他们面临着课业负担、就业压力以及人际交往等各种问题,许多大学生有着不同程度的心理问题(如性情孤僻、压抑,情绪失常等),而参加体育运动往往能够有效缓解个体的精神压力,对大学生来说,加强体育教学具有重要意义。

(二)教育事业的发展

体育的发展与改革是整个教育体系发展改革的重要部分,因此,教育事业的不断发展是体育发展的重要背景之一。教育事业是我国各项事业当中最重要的一项,对国家的综合国力和未来前景具有重要的影响。随着人们对教育事业认识的加深,国家也采取了一系列措施来加强教育事业的发展。例如,《中国教育改革和发展纲要》指出,要进一步转变教育思想,对教学内容和教学方法进行改进,克服教育过程中不同程度存在的脱离经济建设和社会发展需要的现象。再如,国家颁布的《中共中央国务院关于深化教育改革全面推进素质教育的决定》又强调了健康体魄是青少年为祖国和人民服务的基本前提,是我们中华民族旺盛生命力的体现。因此,当前,体育作为素质教育改革的一个占据着主要地位的方面,在政府的指导、国家的支持、社会多方面关注下体育教学工作无论是在教学观念上,还是在教学形式、教学内容上都取得了新的突破,为体育教学的发展提供了十分有利的条件。

(三)体育事业的发展

当前我国体育事业的良好发展态势在全国各地都营造出良好的体育气氛,对带动体育的持续发展有重要推动作用。

一方面,我国运动员在体育赛事中的辉煌成就更加促进了人民群众对体育事业的兴趣。另一方面,体育产业的蓬勃发展对于体育人才也有着更加强烈的需求。这些都促使着学校体育进行更为深入的改革。

二、现代体育教学发展对策分析

在全面推进的教育改革中,教育指导思想是改革的先导,作为课程体系重要组成部分的教学内容是改革的核心和切入点。教学改革只有进入了课程改革的阶段,改革才算进入了实质性的阶段。

（一）以终身体育为体育教学发展指导思想

终身体育是指将体育纳入自己的生活，并伴随人的一生。终身体育思想的树立和形成能有效促进我国体育教学的发展。

树立终身体育观念是体育教学目标改革的指导思想，也是体育教学发展的落脚点。终身体育能否实现，在很大程度上取决于这种观念是否树立和能力是否形成。当下，树立终身体育的观念要求教师正确引导学生科学认识和理解体育的价值，端正学习体育的态度，积极学会体育锻炼的技能，掌握体育锻炼效果评价的方法，形成终身体育能力，为终身体育锻炼奠定基础。

（二）以课程目标调整体育教学发展重点

把增强学生体质、提高学生的健康水平作为体育教学的首要目标，这是由体育的本质属性所决定的。调整体育教学课程目标首先要注重学生的个性发展。体育教师应尊重学生在体育教学中的主体地位，将促进学生的个体发展作为促进当前体育教学发展的重要切入点，培养学生的竞争意识和创造能力，发展学生健康的个性。其次，重视体育知识、技能和方法的掌握。体育的知识、技能和方法是构成学生体育素养的基本要素，因此具有积极的体育动机和良好的体育素养能为今后学生从事体育锻炼打下良好基础。

（三）以丰富教学内容为体育教学发展途径

丰富体育教学内容、实现体育教学内容的不断创新是促进体育教学发展的重要途径，要求体育教师在教学中应重视以下几点。

（1）突出体育教学内容的科学性和逻辑性。在体育教学课程设计的不同阶段，体育教学内容应符合教育的内在规律和学生的身心发育特点与学生的身心发展规律。

（2）重视体育教学内容的多样性和趣味性。一方面，多样性的体育教学能够为学生提供较充分的选择余地，而不是每个学生都必须学习很多统一的内容。另一方面，增加体育教学内容的趣味性有助于提高学生的学习积极性和主动性，引导学生认识体育教学内容学习及体育锻炼的价值。

（3）提高体育教学内容的通用性和民族性。首先，通用性是指教学内容具有统一的规范，适用于各种类型的学生，这是现代体育教学内容的主体。其次，体育教学内容的民族性是指教学内容中应吸收那些学生喜闻乐见、兴趣浓厚、具有明显地方色彩的民族或乡土体育运动项目。

(四)建立综合性教学体系

学生是体育教学的主体,因此体育教学要围绕促进学生的全面发展建立起综合性的体育教学体系。具体来说,综合性体育教学体系的建立必须以满足学生个体发展需要和社会需要为前提。实际上学生的个体需要和社会需要是辩证统一的。社会需要从某种意义上来说就是所有个体发展的需要。而从体育的角度来说,应通过体育教学促进学生个体身体素质的全面发展和良好心理健康状态、个性心理特征的形成,使学生发展成一个集知识、品格、能力为一体的综合型人才。

第三章 体育教学内容

第一节 体育教学内容的基本理论及特点

一、体育教学内容的基本理论

体育教学内容是实现体育教学目标的重要手段。因此它在体育教学中扮演着无可替代的角色,如果没有内容,任何教学都是空谈。所以,体育教学内容的革新与发展在体育教学改革当中起着举足轻重的作用。

体育教学内容与体育教学当中的其他要素一样,都需要一套坚实的理论来支撑,本节将从体育教学内容的起源、概念、特点等方面来对教学内容的基本理论进行详细的阐述。

总而言之,以上几大类内容是现代体育教学内容的来源。各国体育教学内容当中以上内容的比例以及受重视的程度不同,但以上几类内容大多是囊括其中的。除此之外,诸如游泳、登山、野营、滑冰、滑雪等户外运动也非常受欢迎。从上述对主要体育教学内容的由来与发展的简述中,我们可以看出体育教学内容的起源不同,所以有着以下几项特点。

(1)体育教学内容发展于多种文化形态,诸如军事、生产劳动和市民生活,因此,体育教学内容因起源不同而带有不同的特点。其价值的判断也必然受对原始形态认识的影响。

(2)体育教学内容非常庞杂,内容之多远超过其他学科,新的内容还会陆续出现。

(3)体育教学内容之间没有什么相互联系和清晰的逻辑:基本上是一种平行的关系。

(4)同一内容在不同的时代,被赋予的教育任务有较大的差异。这些特点对于理解体育教学内容的特性,进行体育教学内容的筛选和教材处理都是很重要的。

二、体育教学内容的概念和含义

1. 体育教学内容的概念

体育教学内容,就是以达到体育教学目标为目的而进行的体育知识和技能体系等方面的选择和运用。

体育教学内容在体育教学实践中作为教师教与学生学的实践材料而存在,它是教育者根据教育的一系列要求,通过对前人体育和教育实践经验进行综合的总结,按照教育原则,进而从丰富的体育技能理论当中精挑细选而来的。教学内容在教师与学生中间扮演着中介和媒体的角色,决定着教师和学生之间的信息交流。体育教学内容对于体育教学方法和教学手段是同时起到制约作用的,同时也决定着体育教学的效果和目标实现的程度。

2. 体育教学内容的含义

体育教学内容具有以下两个方面的含义。

(1) 体育教学内容有别于一般的教学内容

第一,体育教学内容是在依据体育教学目标选择的基础上,根据学生身心发展的规律以及需要,在教学条件的允许下精心挑选和加工而来的体育内容。

第二,体育教学内容是以大肌肉群的活动状态进行的体育教育内容,主要的形式有运动技术学习和教学比赛以及理论讲授等。

第三,体育教学内容的传授依赖于某种特定的体育教学条件。

(2) 体育教学内容往往区别于竞技运动的内容

第一,体育教学内容存在的目的是进行教育,而竞技体育运动内容的目的则是娱乐和竞技,并不是进行教育。

第二,体育教学内容在成形之前必须根据教育目标的需要进行一定程度的改造和编排,而竞技运动内容则可以理解为更加单纯的体育。

体育教学内容从形式上来说,跟其他学科的教育内容相比是有很大的区别的,体育教学的内容虽然从来源上讲是娱乐和竞技等方面,但却与其本身在体系上就有非常多的不同之处。这些特点使得体育教学内容拥有独特的性质,并且在教学内容中处于一种独特的地位,同时也说明体育教学内容从选择、加工以至于教学当中,相比于其他教学内容都更加复杂。

3. 体育教学内容的意义

体育教学内容最大的意义就是能最大限度地帮助体育目标实现,在教学活动中体育教学内容是重要的要素,而要实现教学的目标,体育教学内容也是不可或缺的条件,体育教学内容当中的每一个步骤都使得体育教学目标更加接近于实现。

在体育教师进行教学的过程中，体育教学目标是其执行教学方案的直接依据，因此体育教师对这方面内容的掌握和了解必须深入，只有做到这点体育教师的工作才是合格的。同时随着社会的发展体育教学的要求不断提高，体育教学内容绝不能一成不变，因为特定时期内人的认知能力是有限的，所以随着时代的发展体育教师对于体育教学内容的钻研学习必须是持续的。体育教师不断钻研学习教学内容的过程就是教师自身提高的过程。

体育教学内容必须要经过对学生的身心发展特点和已有体育水平进行研究才能选择和确定，所以从身心发展方面，体育教学内容应该起到积极促进作用。需要指出的是，这种积极作用要想从理论转变为实践，那么必须由体育教师进行细心的指导，这样教学内容才能发挥最大的作用。这就要求体育教师循循善诱，将制定编选的教学内容非常完美地转化成学生发展所需的内容，使其真正感知到这是必需的。这样教师的教和学生的学才能真正融合到一起，促成师生双方的共同进步。

综上所述，体育教学内容的科学合理选定非常有益于学生在体育课程当中的学习，同时强身健体，在体育方面养成良好的习惯，使学生德才兼备，并且不失个性。

三、体育教学内容的特点

（一）运动实践性

体育教学内容摄取的特点及其主要构成是体育运动项目以及相关的身体练习，所以其实质上是身体运动的一种实践，而其他教学内容都不具有这种特质。相关学者的观点认为，体育教学内容"是以有关身体运动的学习和身体运动的技能形成为主要培养目标的内容；是以运动为媒介，以大肌肉群的活动状态进行教育的内容"。体育教学内容的学习并不单单是学生大脑思维的活动，学生不光要对内容进行理解，并且要在实际中来进行运动学习以及身体练习。在这一过程中，要通过运动中的肌肉本体感觉的形成与动作的记忆，来判断学生是否真正掌握了教学内容，因此在体育教学内容中，学生的学习是要将思维和行为联系起来的。所以体育教学内容的学习尤为强调练和做等实践行为。

（二）健身性

从广义上来说，体育的功能就是增强体质、增进健康。体育教学内容的学习，从过程上来讲，实际是学生对一定的体育知识和技能学习并同时进行一定的身体练习的一个过程。学生进行身体练习的同时必然将会承受一定的运动负荷。体育教学的主要目的，就是通过对身体练习的运动负荷量以及强度进行合理的安排，通过一定的手段加以调控,从而使学生的体质得到增强,变得更加健康。体育教学内容对于学生有增强体质、增进健康的作用,在所有的教学内容中是不可取代的。

(三)娱乐性

体育教学内容的主要来源是体育运动项目,体育运动项目大多具有很强的运动性以及竞技性。同时体育运动项目也具有趣味性、娱乐性的特点,所以体育教学内容的学习方式往往是运动学习以及运动比赛,只有在这一过程中体育教学内容才能真正地体现。这些运动之所以具备乐趣,就是源于运动学习和运动竞赛过程中存在的诸如竞争、合作、表现欲等一系列的心理过程,在这些心理过程中就能够体会到很大程度上的乐趣,学生对运动的新的体验和学习的成就感也会加强。除此之外,运动的环境、场地、比赛规则、比赛形式等的变化和加工方面也能够体现体育教学内容的娱乐性。学生在教师的领导下钻研体育教学内容时,不可缺少的动机之一就是对运动乐趣的追求,所以在追求运动乐趣的过程中学生就会得到一些从别的教学内容当中无法习得的体验,从而在情感上获得深刻而丰富的陶冶,达到愉悦身心的目的。

(四)人际交往的开放性

体育教学内容的主要形式是集体活动,并在集体的基础上进行的运动的学习和竞赛,运动的进行方式与其他教学内容不同,往往是进行时空的变换。因此,在体育教学中对运动的学习、练习和比赛当中学生之间有着非常频繁的交往和交流,所以相比其他学科的教学内容,体育教学内容在人际交往的方面具有更明显的开放性。体育教学内容正是由于人际交流的开放性,并以此为基础而体现出其对集体精神、竞争精神进行协同培养的独特功能,这样在体育教学内容的学习过程中,老师与学生之间、学生与学生之间的关系能够更加密切开放,在教学内容以小组为单位进行时,组内的分工也更加明确清晰。体育教学内容的学习过程中,学生、老师在角色变化上相较其他学科更多,因此体育教学内容能够增强社会适应能力。

(五)非逻辑性

体育教学内容相比于其他学科教学内容不同的地方体现在,体育教学内容往往不存在一般学科教学内容之间清晰的由易到难、由简到繁的阶梯性结构,在逻辑结构上,没有明显的从基础到高级的体系,体育教学内容的排列并不是直线递进式的,而是复合螺旋式的。体育教学内容的组成是众多的相互平行的、可以替代的运动项目以及身体练习,其中有着丰富的体育与健康的理论知识。这种特性使得体育教学内容在选择时灵活性更强。

第二节 我国体育教学内容的划分和编排

一、我国体育教学内容的划分

在进行我国体育教学内容分类和整理问题方面，多年来，体育教学大纲的制定者在尝试了许多分类方法后，仍然没有完全解决这个问题。如人民教育出版社的王占春研究员在谈及体育教学内容分类时曾说："多年来，在编订大纲和教材时，都把如何优选体育教学内容，教材如何组合分类进行探讨和实验，但解决得并不十分理想，其中难点较大的是教材分类的问题。"

正确的用语应该是"划分"，并不是"分类"，原因参见本书的研究理论基础。对于划分的依据，我国一些学者提出了不同的观点，主要有：（1）以人体基本活动能力分类；（2）以身体素质分类；（3）以教学目的分类；（4）以运动项目分类；（5）综合交叉分类。但很多学者对于以上各类方法提出了不同的意见，认为都有不同的漏洞。如"以人体基本活动能力分类"的漏洞是：只从技能看待教材不符合中小学教学特点和目标要求、忽视运动项目的客观存在、实用性差；"以运动项目分类"的漏洞是：会形成只追求比赛技术而影响学生锻炼，会将体育目标、手段、方法狭隘化，会形成"主要技术"和"辅助技术"之分；"以身体素质分类"的漏洞是：只从身体素质着眼会使目标单一化，有些项目不能以身体素质来量化，会导致单纯追求身体素质的发展，而体能目标是综合的。

要分析与批评每一种划分方法比较容易，但要构建一个比较客观相对科学的划分则是非常困难的。我国体育教学大纲中较为常见的划分是"以身体素质进行分类"和"以运动项目进行分类"，但又有学者提出了这种"交叉综合分类"（"提升身体素质练习"和"各项运动教学内容"放在一起），首先违反了"同一划分的根据必须同一，即在同一次划分中必须以同一标准为依据"的原则，而且此分类划分后的子项不是互相排斥的，而是相互包容的。

二、我国体育教学内容的编排

体育教学内容的编排方式一般有"直线式排列""螺旋式排列"以及两者混合而成的"混合型排列"。关于"直线式排列"和"螺旋式排列"所适用的教学内容，历次的体育教学大纲只是提到了那些"锻炼身体作用大的教材"适合于"螺旋式排列"。

而关于什么体育教学内容适合于"直线式排列",却没有言及。

关于体育教学内容编排的理论还存在着一定的问题:(1)并非"锻炼身体作用大的教材"才适合于"螺旋式排列"。因为一些有难度、有深度,要求学生熟练掌握运动技能的教学内容更需要"螺旋式排列"。(2)没有阐明哪些运动实践教学内容适用于"直线式排列"。历次的体育教学大纲均未说明过这个问题,仅是举例说体育卫生知识可采用直线排列。因此,哪些运动实践教学内容适用于"直线式排列"成为传统体育教学内容排列理论的"盲点"。(3)没有明确说明"直线式排列"和"螺旋式排列"单元的区别。比如每学期3课时"螺旋式排列"、一次3课时"直线式排列"和一次30课时"直线式排列"对教学计划安排和教学效果的作用都是不一样的。如果没有区别,那么以往理论所说的"螺旋式排列"和"直线式排列"到底有什么不同?如果说不可能有这样统一的规定,那么什么内容适合30课时"螺旋式排列",什么内容适合3课时"直线式排列",什么内容适合30课时"直线式排列"等就必须予以说明。

教育科学出版社《体育与健康》教材提出了教学内容新的排列理论:体育教学内容排列中的"循环周期"现象。所谓教材排列的循环是指同一教学内容在不同学段、学年等范围内的重复安排。这种循环有以课为周期的循环、以单元和学期为周期的循环、以学年为周期的循环、以学段为周期的循环等。举例来说,上节课上100米跑,下节课还上100米跑就是以课为周期的循环;在上学期安排100米跑,在下学期还安排100米跑就是以单元和学期为周期的循环;在中学一年级安排100米跑,在中学二年级还安排100米跑就是以学年为周期的循环;在中学一年级安排100米跑,在高中一年级还安排100米跑就是以学段为周期的循环等。根据以上理论,毛振明从不同的内容性质对体育教学内容进行了四个层面的排列:(1)"精学类"教学内容(充实螺旋式)。(2)"粗学类"教学内容(充实直线式)。(3)"介绍类"教学内容(单薄直线式)。(4)"锻炼类"教学内容(单薄螺旋式)。

以上编排方式较好地落实了新课程标准对体育教学提出的新要求,并根据体育教学内容分层及排列理论,结合体育教学内容和教学时间的现状,有创新性地将学的、练的、介绍的、体验的内容合理编排在体育教学中,因此,笔者认为它是新课程改革以来并在较长时间内值得推广的编排方式。

三、高校体育教学内容和手段现代化

高校体育教学内容和手段的现代化革新发展,体现现代化体育课内容符合现代体育教育的需求,其教学内容具有实用性和灵活性的特点,能够保障体育教学的任务和目的顺利完成。体育教学内容现代化发展包括课程内容和教材取向现代化发展方向,其中蕴含的科学性理论内容能够帮助新时代学生完成学习任务，使体育课程内容更具时代发展的活力。高校体育教育现代化发展进程中课程内容革新有利于拓展教育信息，减少教育受到的空间和时间的限制，使体育课程内容更具象化，最大限度调动学生学习感官，保障体育教学的实用成效。科学技术的发展使教育现代化发展进程加快，体育课程逐渐向全新的方向发展，教育现代化的手段不断增多，体育电脑教学和电视教学逐渐被采用。体育教学手段现代化发展还体现在教学资料和信息更加丰富，各种类型的体育赛事和资料被应用，现代化教学发展改变传统教学的束缚性，提高体育课程的教学实效，使学生更愿意投入更多精力在学习体育知识方面，从而保障体育课程在新时代背景下健康发展。

四、高校教学内容更新速度加快，增强学生学习体育的兴趣

教育现代化发展背景下进行课程革新能够实现教学信息资源共享，现代化技术的发展使教学信息更新速度加快，为高校体育课程发展提供机遇。现代化信息技术的应用为教师提供更多课程选择的机会，也为学生学习提供更丰富的内容，使高校获取教学全新技术和全新内容的效率不断提升，提升高校教学把握时代发展的能力，促进体育教学整体性革新发展。教学内容更新速度的加快使学生能够全面感受到体育课程内容的感染力，学生在富有现代化特征的教学内容下进行理论课程学习，能够帮助学生实现学习探究，提升学习体育理论内容的成效。体育课程现代化发展能利用网络的趣味性增强学生参与体育活动的兴趣，对教学实践活动的开展更加期待，久而久之学生对运动的需求使其能主动参与到体育运动中，提升体育课程内容的参与程度。另外，应用网络丰富资源进行教学革新能提升学生对于知识的理解能力，并在实践活动中针对自身问题进行及时的判断，从而实现学生综合型德智体美劳全面的发展。

五、21世纪改革对体育教学内容的虚化

21世纪的体育教学改革实行了三级课程管理体制，这一体制彻底放弃了对体育教学内容的规定性，给予地方和学校以极大的对体育教学内容的选择权利。而体育课程改革确立的"目标统领内容、内容为目标服务"的体育教学内容总体原则，则将体育教学内容的选择按照体育教学的领域目标设定为"运动参与、运动技能、身体健康、心理健康与社会适应"四个方面的内容，彻底"开放"了体育教学内容，放开了体育教师对体育教学内容的选择。

第四章　体育教学模式的革新与发展

第一节　体育教学模式的基本理论

一、体育教学模式的界定

有关体育教学模式的界定，是从20世纪80年代才开始进行专门的探讨的。目前，体育教学模式的概念并未统一，其规范化程度还有待于进一步提高。在体育教学模式的研究中，许多学者对体育教学模式的定义都提出了自己的认识和观点，下面就列出几种比较具有代表性的。

（1）李杰凯认为，体育教学模式"是蕴含特定的教学思想，针对特定的教学目标在特定教学环境下实现其特定功能的有效教学活动与框架，是以简洁形式表达的体育教学思想理论和教学组织策略，是联系体育理论与体育教学实践的纽带"。

（2）杨楠认为，体育教学模式是"体现某种教学思想或规律的体育活动的策略和方式，它包括相对稳定的教学群体和教材、相对独特的相应的教学方法体系"。

（3）毛振明认为，体育教学模式是"按照一定的体育教学理想设计，具有相应结构和功能的体育教学理论或教学活动模型"。

（4）樊临虎认为，"体育教学模式是指在一定的教学思想或理论指导下，设计和组织体育教学，而在实践中建立起来的各种类型体育教学活动的范型，它以简化的形式稳定地表现出来"。

综上所述，体育教学模式能够有一个初步统一或认可度较高的概念，即"体育教学思想特定，用以完成体育教学单元目标而实施的稳定性较好的教学程序就是所谓的体育教学模式"。

二、体育教学模式的特点

（一）整体性

体育教学模式对体育教学的处理是从整体上进行的，具体来说，它不仅要明确规定教学活动中的教学主体（体育教师与学生）、教学客体（教学目标、教学内容等）等主要因素的地位与作用，还要对教学物质条件、组织形式、时空条件、师生互动关系或生生合作关系等影响体育教学活动并在教学活动中起重要作用的其他因素进行相应的说明。由此可以看出，这几乎把体育教学论体系中的基本内容都涵盖了，因此，人们也将体育教学模式称为"体育微型教学论"。体育教学模式的整体性特征要求人们在对体育教学模式做出正确的认识及运用时，一定要将体育教师的教学风格、学生的年龄特点、体育基础特点、课程内容特点等体育教学模式的主要要素整体全面地确定下来并熟练把握。除此之外，教学场地条件、环境条件、教学班级人数、气候特点等一些次要要素也要列入考虑的范围内，同时还要清楚地认识到它们之间的相互关系，对各环节的相互配合、相互衔接也要引起足够的重视，从而使教学模式成为系统的教学程序。这种多部分、多要素、多环节的有机组合将体育教学整体性充分体现了出来，同时也对体育教学模式并非多环节、多要素的简单堆积进行了说明，因此可以说体育教学模式是具有一定科学性的。

（二）优效性

一定的理论基础是建立体育教学模式的基础条件，但同时体育教学模式的构建与完善离不开体育教学实践的不断修正与补充。因此，促进体育教学质量的提高，逐步改进体育教学过程，不断更新与完善体育教学的各个环节，避免教学资源的浪费与缺失，是完善体育教学模式的主要着眼点。从这一角度来说，体育教学模式充分体现出了其显著的优效性特点。

（三）针对性

无论何种体育教学模式，其都是针对体育教学实践过程中的某个具体问题或问题的某一方面而建立的，针对体育教学内容、体育教学对象、体育教学环境等不同要素所形成的体育教学模式是很大有区别的。从这一点来看，体育教学模式有其特定的教学目标和使用范围。比如，情境教学模式是针对小学生理解能力较差、体育基础不够，而以体育故事形式把各种简单的体育活动动作组合起来进行教学的，因此，这种教学形式对于中学高年级的学生是不适合的；又如，快乐体育教学模式是与传统体育教学中的强制性教学相对立的，学生在强制性体育教学中是体验不到快乐的，所以设计了快乐体育教学模式。因此，这种教学模式对于学练一些简单的体育活动动作是较为适合的，而对于体育复杂动作的教学则是不适合的。由此可以看出，普遍有效的全能模式或者最优的模式是不存在的。然而教学模式与目标往往是一对多或多对一的关系，而绝非一对一的关系。

（四）可操作性

这里的可操作性主要包括两个方面的内容。

一方面，体育教学模式易被教师模仿。究其原因，主要是教学模式不仅是教学理论的操作化，同时还是教学实践的概括化。体育教学活动在时间上的开展以及每一教学步骤的具体做法都需要教学模式提供相应的逻辑结构与思维，也就是所说的操作程序。这样，教师在教学中应该先做什么，再做什么，最后做什么，就非常条理化，操作性较强。

另一方面，体育教学模式的操作程序是处于基本稳定状态的，究其原因，主要是体育教学活动的特殊性、复杂性以及影响体育教学的主要因素不能受到精确控制。

虽然体育教学模式具有较强的针对性，但在不同条件与环境下开展体育教学，其产生的体育教学模式也表现出一定的差异性，也会因不同的教学指导思想和理论而表现出一定的差异性。但是一旦确立了体育教学模式，就可以代表一定的教学思想和理念，也就表明某一特定条件下的具体操作的稳定性和可模仿性，具有相同的理念和外在条件，便很容易地被体育教师模仿，这就是体育教学迷失的稳定性特点。需要注意的是，随着时代的变迁，指导思想与外在条件等发生质的变化，要求适当调整和变更体育教学模式，由此可以看出，体育教学模式的稳定性并不是绝对的，而是相对的。

（五）简洁概括性

体育教学模式并非"复写"体育教学活动，而是在能将自己个性充分显示出来的基础上，将教学目标、教学方法、组织形式等开展某一教学活动的不重要因素省去，从理论高度简明系统地将模式自身反映出来。由此可以看出，它是对某一理论的浓缩，对实践的精简，表现出一定的简洁性与概括性。一定的体育教学模式能够将特定的体育教学思想充分反映出来，而且在一定程度上简化教学模式的各环节，通过教学程序的方式将其展现出来，因此，充分体现出了体育教学模式显著的简洁概括性特征。

三、体育教学模式的结构

体育教学模式的结构主要包括教学思想、教学目标、操作程序、实现条件以及评价方式等，具体内容如下。

(一)教学思想

伴随着体育课程的发展,体育教学指导思想必然也发生改变,因此各国体育学者对体育教学理论的研究也发生了深刻的转变,体育教学模式的研究正是在这种背景下兴起的。作为体育教学模式的灵魂教学思想是建立体育教学模式所应具备的基本理论与思想基础。也就是说要想建立体育教学模式,就需要有一定的理论知识对其进行指导,在不同理论指导下所建立起来的体育教学模式是有所差异的。

(二)教学目标

在体育教学过程中,建立体育教学模式的目的就是更好地实现体育教学目标。如果没有体育教学目标,也就没有体育教学模式存在的必要和价值。"体育教学模式所能够达到的教学效果是体育教师对某项教学活动在学生身上将产生的效果所做出的预先估计。"体育教学目标是具体化了的体育教学主题的表现,体育教学模式要以教学目标为核心,教学目标能够制约体育教学模式的其他结构要素。

(三)操作程序

教学活动中的教学环节或步骤就是所谓的操作程序。在体育教学活动中,操作程序主要指的是在时间上展开的逻辑步骤以及各逻辑步骤的具体做法等。无论哪种体育教学模式,其操作程序都是独特的,是与其他教学模式不同的。操作程序并不是一成不变的,但它一定是基本的和相对稳定的。

(四)实现条件

程序的补充说明,并能够使体育教师选择合理的、正确的教学方法和策略。人力条件、物力条件和动力条件三个方面是体育教学模式中实现条件的主要内容,具体就是体育教师与学生、体育教学内容与时空以及学校的基础设施等。

(五)评价方式

不同的体育教学模式所要完成的体育教学目标不相同,而且所采用的教学程序和条件也存在差异。因此,不同的体育教学模式也具有不同的评价标准和评价方式。每一种教学模式的评价标准和评价方法都是特定的,如果使用统一的标准进行评价,就会使评价不具备科学性,评价结果失去说服力。例如,与标准化评价相比,群体合作教学模式的评价标准是采用计算个人和小组合计总分的评价方式。

四、体育教学模式的功能

（一）简化功能

体育教学活动有着较为显著的特殊性和复杂性的特征，因此，要想取得较为理想的处理这种特殊性和复杂性的效果，除了需要人们的思辨和文字的处理方式外，还需要其他一些简单明了的方式。这样一种方式能够将各系统之间的次序及其作用和相互关系较为清晰地表达出来，这样往往就能够使人们对事物有一个整体的印象。体育教学结构能够反映出各环节各要素的关系。除此之外，也能够将其组织结构和流程框架反映出来，这种结构的主要特点在于注重原则、原理，而且较为重视行为技能的学习。因此，从客观的角度上来说，体育教学模式有着非常重要的作用和意义，与现代体育教学任务是相符的，具体来说，主要表现在三个方面：第一，对体育知识的学习和体育技术、体育技能的学习与掌握非常重视；第二，对学生的学习目标和教师的设计方案非常重视；第三，在充分反映教学理念的同时，对具体的操作策略也非常重视，由此可以看出，体育教学模式具有较强的可操作性，其结构和机制也较为完整。另外，体育教学模式比抽象的理论更具体、简化，不仅与教学实际更为接近，而且它能够为体育教师提供基本操作框架，使教师明确具体的数学程序，因此较容易被教师理解、选用、操作与认可，受到教师的欢迎。

（二）预测功能

体育教学模式是以体育教学活动中的内在规律与逻辑关系为基础的，因此，它有利于准确地对体育教学进程和结果做出判断，即使不能准确判断，也能对体育教学进程和结果进行合理估计，甚至可以对教学结果假说进行建立。通常以某种教学模式内在与本质的规律及其现象为主要依据，来对该模式进行预测。例如，快乐体育教学模式，这种教学模式既要注重学生在学习过程中的学习体验，也要使学生对运动技能加以掌握，从而为学生的终身教育打下良好的基础。这种模式的预测功能主要体现为两个方面：一方面，如果在教学过程中没有达到预期的教学目标，说明实际与预测存在一定的差距，需要进行合理、正确的调整；另一方面，如果在教学过程中达到了预期的教学目标，说明与事先的预测是相吻合的，证明理论与实践是相统一的。

（三）解释与启发功能

体育教学模式的功能和作用主要表现在通过简洁明了的方法来解释相当复杂的现象。比较常见的一种体育教学模式是发展体能教学模式，这一教学模式的建立给人以整体的框架，其中文字的解释让我们能够理解教学模式，具体来说，发展体能教学模式中所蕴含的理论知识主要在以下三个方面得到体现。

首先，阶段性的体能目标实施与反馈控制理论。

其次，体育教学系统地、长期地发展体能的指导思想。

最后，非智力、非体力因素参与体育活动并促进技能教学的发展理论，具体来说，体能的发展是比较枯燥的，因此，如何激发体能为一项关键性因素。需要注意的是，这一关键因素是非智力、非体力的。

除此之外，对整个教学活动来说，具体的某种教学模式的核心环节具有非常重要的作用和意义，其主要在教学目标的制定与教学过程实施的形成性评价中得到一定的体现。具体来说，主要包括以下几个方面。

第一，预先进行体能测验，实施诊断性评价。

第二，以学生的身体条件与身体素质的侧重点为主要依据来对教学单元进行合理的安排。

第三，有针对性地对单元中诸体能目标进行练习，并力争达到目标。

第四，对学习效果进行总结，实施总结性评价。

第五，以评价的结果为主要依据来使矫正措施得以实施。

（四）调节与反馈功能

马克思主义唯物观认为实践是检验真理的唯一标准，因而体育教学模式是否科学也要通过实践的体育教学活动对其进行检验才能得知。体育教学模式是依据具体的教学指导思想、教学条件和教学环境来进行安排的。例如，在实际的运用过程中，如果某一种体育教学模式没有达到预先制定的教学目标，就需要具体分析教学模式操作过程中的各个环节与因素，并找出其中的利弊关系，深入地分析其原因并提出相关对策，以使体育教学活动更加科学、合理。

第二节　体育教学中典型的教学模式

由于体育教师各具特点，再加上学生的实际情况也有所不同，因此在体育教学过程中所采用的体育教学模式也是千差万别，各有侧重。下面主要分析几种常见体育教学模式的建立背景、指导思想以及存在的优缺点。

一、主动性体育教学模式

（一）建立背景

在现代教育中，学生是整个教学活动的主体，所以主动性体育教学模式能更好地引导学生通过思考、体验来进行交流和合作，从而进一步发展自身的社会技能、社会情感以及创造能力。在体育教学中，要想取得较为理想的教学效果，必须要有良好的课堂环境和氛围作为保证。因此，主动性体育教学模式在这样的环境和需求下应运而生。

（二）指导思想

主动性体育教学模式的指导思想主要包括以下几个方面。

（1）培养学生的参与能力。只有使学生参与到教学活动中来，才能有机会使学生的主动性得到进一步发展。

（2）培养学生的教学能力。引导学生站在教师的角度去思考问题，有利于提升学生的教学能力和主动性。

（3）培养学生的合作精神。要使学生认识到团队合作的重要性，培养学生的团结合作精神，同时还可创造出理解、尊重、宽容、信任、合作、民主的课堂氛围。

（4）培养学生的创新意识。要想发展就必须进行创新，教师应根据教学实际和学生的具体情况有针对性地培养学生的创新意识和创造能力。

（三）主要优缺点

1. 优点

（1）体育教学中运用主体性体育教学模式能够实事求是地、有针对性地发展学生的主体意识。

（2）有利于提高和发展学生的学习主动性和自我学习能力。

2. 缺点

主动性体育教学模式要求学生有一定的自觉性基础，并且要求学生具有自我设计教学计划、教学方法、教学手段、组织措施的能力，更要求学生的自学能力要强，否则，运用主动性体育教学模式就不会取得理想的效果。

二、小群体体育教学模式

（一）建立背景

这种小群体的学习形式来源于日本的"小集团学习"理论。小群体体育教学模式是指在体育教学中，对学生进行分组，并在教师的指导下，同组学生之间、小集团与小集团之间通过互动、互助、互争，增强学生学习的主动性，从而提高教学效率的一种教学模式。小集团学习法是在其他学科中产生的，到了20世纪50年代开始应用于体育教学中。这种模式在体育教学的运用中，除了取得较为理想的效果外，还进一步促进了体育教学的发展和完善。

（二）指导思想

小群体体育教学模式的主要指导思想是在遵循体育学习机体发展和发挥教育作用规律的基础上，通过体育教学中的集体因素和学生间交流的社会性作用，促进学生交往，提高学生的社会性。此外，在运用这种模式的过程中，还要注意培养学生自主学习的能力，并要适应学生的个体差异表现。因此，小群体教学模式的指导思想具体体现在以下几个方面。

（1）有针对性地培养学生的良好品质。

（2）强调集中注意力，并要求学生相互帮助、团结，以有效地提高组内的竞争力。

（3）通过指导学生相互帮助、合理竞争，从而提高学生的身心健康水平和社会适应能力。

（4）要在条件均等的情况下，使组与组之间的学生合理竞技，从而激发学生学习的兴趣，提高学习的效果。

（三）主要优缺点

1. 优点

（1）小群体教学侧重于培养学生的团结性，有利于充分调动学生学习的积极性和竞争性，也有利于培养和提高学生的社会适应能力。

（2）通过小群体教学，既可以提高组内团队间的合作能力，又可以提高团队与其他团队之间的竞争能力，增强学生的竞争意识。

2. 缺点

由于这种教学模式更注重于培养学生的社会适应能力，这就可能会导致在教学中将在这一方面消耗大量时间，从而使得学生对教学内容的学习时间相对减少。

三、选择式体育教学模式

（一）建立背景

在"健康第一"思想和新课程标准的影响下，为了更好地体现以学生为主体的教学观念，现代体育教学模式中出现了选项课。选项课的出现可以使学生在体育学习过程中依据自己的喜好和需要选择适当的项目学习。由于这种教学模式具有较高的可行性和良好的教学效果，近年来在多所学校中已普遍使用，并受到体育教育工作者的高度重视。

（二）指导思想

选择式体育教学模式可以使学生自主选择的优势得到充分体现，自主选择所要学习的内容、学习进度、学习参考资料、学习伙伴、学习难度等，这样才能使学生的兴趣得到提高，同时也可以充分调动学生学习的积极性和主动性，从而更好地培养学生的学习能力。

（三）主要优缺点

1. 优点

（1）学生自主选择学习内容，这不仅是学生主体地位的充分体现，而且有利于提高学生的学习兴趣。

（2）通过学生根据自身的兴趣和需求来选择学习内容，能够更好地培养学生的自觉性、学习热情、学习态度、情感体验、克服困难的意志力等，也能提高学生的责任感。

2. 缺点

（1）根据目前相关教学实践来看，选择式体育教学模式虽然对有运动兴趣的学生有积极作用，但对于那些暂时还没有特别兴趣的学生在选择上会出现盲目性，也就是说，这种教学模式在目前还不适用于全体学生。

（2）由于受技术难度、趣味性、运动量以及考核评价等方面的影响，可能会导致学生功利性地选择运动项目，从而使选择内容不均等，不利于教学活动的顺利进行。

四、发现式体育教学模式

（一）建立背景

发现式体育教学模式是指通过体育教师的指导，学生能够独立地研究和发现事实和问题，从而可以更加深刻地掌握相关原理和知识的一种教学模式。这种教学模式主要强调学生的直觉思维、内在的学习动机以及教学过程三个方面。

（二）指导思想

发现式体育教学模式是教师适当地对学生进行引导，让他们运用主观思维进行积极的思考，独立地发现问题、解决问题的教学方式。因此，这种体育教学模式的指导思想就是在体育教学中通过遵循学生的认知规律来考虑教学过程，体现以学生为主体，以学生为中心的思想。指导思想具体包括以下几个方面。

（1）着重增强学生学习的积极性和趣味性。

（2）调动学生思维的主动性，开发学生的智力。

（3）在以学生为主体的前提下，对学生进行指导。

（4）在揭晓答案之前，要让学生自己去探索问题的答案。

（5）设置问题情境，并使学生较为自然地进入教学情境之中，激发学生的学习热情与积极性。

（6）可以提高学生学习运动技能的效率，使学生更加深刻地领悟技能和知识，记忆更加牢靠。

（三）主要优缺点

1. 优点

（1）发现式体育教学模式能调动学生学习的热情和积极性，提高学生的学习效率。

（2）发现式体育教学模式有利于开发学生智力，提高学生智力水平。发现式体育教学模式非常重视学生的智力发展，通过在学习过程中设置情境，激发学生学习的好奇心进而提高其智力水平。

2. 缺点

（1）发现式体育教学模式会在问题的提出、讨论、解决等环节占有大部分的教学时间，从而使运动技能练习与巩固的时间相对减少，因此会对学生学习和掌握运动技能的效果产生影响。

（2）发现式体育教学模式还会受不稳定因素的影响，所以从教学模式的评价来看，无法在短时间内对其他教学模式进行比较。

五、领会式体育教学模式

（一）建立背景

领会式体育教学模式是在 20 世纪 80 年代由英国学者提出的。当时，这种教学模式主要运用于改造体育教学的教学过程结构，在应用过程中试图通过从整体开始学习或领会新教程，并且对以往只追求技能，忽略学生对整个运动项目的认知和对运动特点把握的缺陷进行改进和完善，以达到提高体育教学质量的目的。

（二）指导思想

领会式体育教学模式的指导思想主要包括以下几个方面。

（1）这种教学模式强调先尝试，后学习。

（2）要在尝试的过程中了解学习运动技术的重要性，进而提高学生学习的主动性。

（3）强调先进行完整教学，然后再分解教学，在掌握各部分分解动作的基础上完整尝试，从而比较学习前后的效果。

（4）竞赛是开展体育教学活动最主要的组织形式，这有利于提高学生学习的积极性和实用性。

（三）主要优缺点

1. 优点

领会式体育教学模式通过先让学生初步进行体验，体会出学习正确动作的必要性，然后根据学生的实际情况，教师选择合理的教学方法来促使学生产生强烈的学习动作的动机和需要，进而调动学生学习的积极性，提高学习效率。

2. 缺点

在尝试性比赛中，学生因对这项运动缺乏深刻的了解，很可能会使比赛无法顺利进行。在一些尝试性的比赛中，要想避免这种情况的发生，可以通过降低难度和要求，使学生慢慢进入活动的角色，从而保证尝试性比赛的顺利进行。

第三节 体育教学模式的改革与发展

一、体育教学模式的改革

目前常见的体育教学模式是有限的，但随着体育教学改革的不断推进和创新，还会有更多的教学模式不断出现，并且在体育教学中得到应用。而关于未来体育教学模式的改革，其改革侧重点与趋势主要表现在以下几个方面。

（一）重视学生的主体性

传统的教学模式对教师的主导作用比较重视，其将教学过程片面地归结于教师的教，而将学生的学忽视掉了，这就使得学生在学习过程中处于被动地位，对学生主观能动性和能力的培养产生了一定的阻碍作用。

随着以学为中心的教学理论的发展，传统意义上的师生关系有了较大程度的变化，他们的地位和作用也有了一定的改变。"教师中心论"逐渐被"教师主导学生主体论"取代。在这种新的教学观的影响下，体育教学也要进行了一定的改变。具体来说，主要改革趋势为：由教师为中心教学向教师主导学生主体的教学模式的转变。教师主导学生主体的教学模式，对于学生创新能力、自学能力、探索能力的培养较为有利，在一定程度上调动起学生学习的能动性和积极性。除此之外，还需要强调的是，这与现代人才的培养理念是相符的，因此，可以将其作为体育教学模式的一个重要改革方向。

（二）注重学生能力的培养

现代社会科学技术发展迅猛，知识增长迅速，终身教育的普及以及竞争压力的不断加大，这些都对人们的能力提出了更高的要求，单一的知识积累已经不能使当今社会的需求得到满足。因此在体育教学过程中，必须在教学模式上进行一定的改进，因为只有这样才能更好地培养学生的运动能力、一般能力、创造能力、自学能力和社交能力。

另外，在普及九年义务教育初期，就已经开始强调要使学生全面发展德智体美劳，而且在越来越多的实践活动中，人们已经充分认识到了能力的重要性。在这样的条件下，从强调知识的传授逐渐转向重视能力的培养就成为体育教学模式改革的一个重要方向，这样能够使学生在参与实践活动的同时，对自己有更加全面的认识，从而不断挖掘和培养自身的各项能力。

（三）保留演绎型教学模式

教学模式形成的方法主要有由概括实践经验而成的归纳法和靠逻辑生成的演绎法两种。从一种思想或理论假设出发设计成的一种教学模式，就是所谓的演绎教学模式。其中，20 世纪 50 年代以后产生的教学模式大都属于这一类型。演绎教学模式是从理论假设开始的，形成于演绎，其对科学理论基础非常重视。演绎教学模式的这一特点不仅为人们自觉地利用科学理论指导提供了一定的可能，还为主动设计和建构一定的教学模式来达到预期的目的奠定了一定的基础。由此可以看出，演绎型的体育教学模式的发展是教学模式发展的一个重要趋势，是与教学理论的发展和研究方向相符的，因此改革中要注意保留演绎型的体育教学模式。

二、体育教学模式的发展

（一）理论研究的精细化

研究体育教学理论，其目的既是更好地指导体育教学实践，也能起到对体育教学实践进行总结的作用。如果没有理论研究，又或者缺乏体育实践，那么整个体育教学就会失去意义。因此，必须将体育教学的理论研究与实践研究相结合，来加强理论研究的力度与成效。

（1）与其他理论相同的是：体育教学模式的研究必将从对一般教学模式的研究走向学科教学模式的研究，再到课堂教学模式的研究。

（2）对体育课堂教学模式的研究又趋向于精细化，包括学期教学模式、单元教学模式、课时教学模式。精细化是体育教学模式研究的必然趋势。

（二）教学目标的情意化

教学实践研究表明，智力因素和非智力因素对学生的学习活动起着非常重要的作用。现代体育教学模式的不断发展也逐渐对传统教学活动中过于强调智力因素，而忽视非智力因素的作用等状况进行了改善，并取得了良好的效果。现代体育教学模式的目标在使学生增长知识，培养学生能力的同时，更加注重人格教育、品德教育、情感教育与知识教育结合在一起。随着人们对人本主义心理学越来越重视，学生的情感陶冶也开始备受关注，并将情感活动视为心理活动的基础，对学生独立性、情感性和独创性进行了全面的培养。例如，情境式体育教学模式和快乐式教学模式通过问题情境的创设，提高教学过程的新奇与趣味性，使学生的学习兴趣得到有效的激发，从而产生一种强烈的学习动机，这种动机下学习和掌握体育知识能带有很强的情感色彩。

（三）教学形式的综合化

体育教学形式的综合化是指体育教学模式向着课内和课外一体化的发展。由于受到时间的限制，课内的时间不能充分培养和发展学生掌握运动技能与锻炼身体的习惯。这就需要在教学中，安排充足的课外时间进行练习和巩固，而课内的主要任务就是学习新知识，并针对错误的动作进一步改进。只有这样才能更加熟练地掌握运动技能，实现个体运动技能的自动化。但从目前情况来看，我国对课外体育活动的重视程度相比体育课本身要弱很多，有的甚至处于放任自流的状态，这对体育教学效果有着非常严重的影响。

从体育教学模式发展的角度来看，由于目前对课外体育活动的不够重视，有关这一方面的研究也受到了很大的影响。"课内外一体化"教学模式虽然设计了课内与课外相结合的教学，但在实际的运用过程中还不够成熟，也没有形成明确的操作模式。因此，目前并没有将其列入现有的体育教学模式体系中。只有当这种模式的理论与实践发展成熟后，才能成为一种重要的体育教学模式。

（四）教学实践的现代化

随着现代教育和科技的快速发展，体育教育在教学手段方面也得到了很大程度的突破，各种教学实践活动呈现出较为明显的现代化特点，并逐渐实现了对传统体育教学方法的改革和创新。在现代体育教学活动中，先进技术产品和手段的运用也在很大程度上提高了体育教师的授课效率，同时也进一步增强了学生学习的兴趣，调动了他们主动学习的积极性。目前，现代体育教学模式已经开始与现代教学技术手段相融合。由此可以看出，在体育教学模式中引入和运用先进的技术手段是其发展的重要趋势。

（五）评价标准的多元化

体育教学模式的不同，其评价的方式也会有所差异。随着现代教育改革的不断深入，体育教学模式也发生了较为明显的变化。单一的评价方式是很难对某一体育教学模式的科学性做出全面、客观的反映的。这就要求在评价时采用全面的评价方式，所选择的评价指标也必须多元化。

传统的体育教学模式过于重视结果评价，忽视了对学生学习和实践过程中的评价，这就使得学生的学习兴趣、爱好、情感反应等方面都很难得到全面的体现和反馈。而现代的体育教学模式逐渐摆脱了单一的终结评价方式，开始重视学生的学习过程评价、单元评价以及学生的自我评价等。就目前来说，我国体育教学模式呈现出多样化格局，目前以"三基"（基础知识、基本技术、基本技能）为主的传统体育教学模式在体育教学实践中仍占据较大的比例。这与传统体育教学模式的影响是分不开的，和人们对体育课程陈旧的认识是密切相关的。当时人们对体育课程的理解就是增强体质和发展身体。所以一切体育教学活动都是无不围绕着运动技术的传授、"三基"的掌握进行的。随着时代的发展、教育理念的更新、体育课程功能的多元化，各种体育教学模式的实验也应运而生。一些学者总结的目前比较成熟的几种体育教学模式（传授动作技能、提升身体素质、发展体育能力、发展学生个性等体育教学模式），说明了人们对体育课程的重新认识。可以说体育教学模式改革与发展体现了体育课程观的发展，体现了人们对体育课程发展的追求。

第四节　新型体育教学模式的构建和运用

一、新型体育教学模式的构建

（一）构建原则

1. 坚持教学目标、内容、形式、结构与功能的统一原则

从本质上讲，新型体育教学模式的建构是处理好体育教学活动中形式与内容、结构与功能的关键问题。所以，体育教师应该对各类体育教学课堂结构和形式的功能与作用进行全面分析，并以教学目标和条件为根据对教学模式做出比较合理的选择。

2. 坚持统一性与多样性的统一原则

（1）体育教学模式构建的统一性是指在构建和创造体育教学模式时，要继承新中国成立以来我国的体育教学思想和成功经验。

（2）新型体育教学模式构建的多样性是指在开发和构建体育教学模式时应尽量实现多样化，避免单一化与程序化的不足。

3. 坚持借鉴与创新的统一原则

体育教学模式要坚持创新与借鉴的统一性。这里所说的借鉴具体是指借鉴两方面的内容，一方面要借鉴国外的先进教学模式理论；另一方面是要借鉴国内的先进教学模式理论与成功教学经验。随着全球化趋势的加强，学校体育教学也必然受到教育全球化的影响，不对国外先进教学模式理论加以借鉴或借鉴之后缺乏创新都是故步自封的落后表现。因此要有机结合创新与借鉴，这样才能运用成功的经验，吸取失败的教训，不走或少走弯路。具体来说，统一借鉴与创新，就是要以正确的体育教学思想为指导，

革新原有的落后的体育教学模式,借鉴前人和他人的成功经验和理论,结合教学中的客观实际,提高体育教学的效率。

(二)构建步骤

概括地讲,新型体育教学模式的构建步骤主要如下。

(1)明确指导思想。选择用什么教学思想作为构建模式的依据,使教学模式更突出主题思想,并具有理论基础。

(2)确定构建模式的目的。在明确指导思想的基础上,确立建构体育教学模式所达到的目的。

(3)寻找典型经验。在完成第一步的基础上,通过调查研究,寻找恰当的典型经验或原型作为教学案例,案例要符合模式构建思想与目的。

(4)抓住基本特征。运用模式方法分析教学案例,对教学案例的基本特征与教学的基本过程进行概括。

(5)确定关键词语。确定表述这一体育教学模式的关键词。

(6)简要定性表述。对这一体育教学模式进行简要的定性表述。

(7)对照模式实施。对照这一体育教学模式具体实践教学,进行实践检验。

(8)总结评价反馈。通过体育教学实践验证,对实践检验的结果进行归纳总结,通过初步实践调整修正模式,并反复实践以不断完善。

二、新型体育教学模式运用的参考依据

新型体育教学模式的选择与运用主要把握以下几个参考依据。

(一)参考体育教材性质

体育教学以教材为基本工具,体育教师教学、学生学习都要借助教材这一基本教学工具。体育教材也是体育教师与学生共同完成体育教学目标的内容载体。通常把体育教材分为概括性教材与分析性教材两大类,这主要是以体育教材内容的性质为依据划分的,具体分析如下。

(1)概括性教材:这一类教材中没有较难学习的运动技术需要学生掌握,对概括性教材进行讲解的主要目的是使学生对体育项目有简单的了解、培养学生体育学习的兴趣、促进学生的身心健康。学生在学习该类教材时主要是注重体验乐趣,获取快乐,所以要选择运用快乐式教学模式、情境式教学模式以及成功教学模式进行教学。

(2)分析性教材:这类教材中的运动技术具有一定的难度,对这类教材进行讲解的主要目的是提高学生的自主学习能力与创新能力,促进学生体育知识与技能的增

长，学生在学习该类教材时注重培养学习兴趣与创造力，所以要运用主动性体育教学模式、发现式教学模式以及领会式体育教学模式等模式进行教学。

（二）参考体育教学目标

体育教学模式构建与运用的关键是教学目标，体育教学模式需要体育教学思想与目标为其提供活力、指明方向。体育教学思想与目标也是区分教学模式的一个标准。体育教学目标在新课程改革之后有所变化，主要涵盖了四个方面：①提高学生运动参与能力与积极性的目标。②促进学生身心健康的目标。③促进学生正确掌握运动技能的目标。④提高学生社会适应能力的目标。上述体育教学目标要求在体育教学中采用情境体育教学模式、探究体育教学模式以及成功式教学模式等。

（三）参考体育教学对象

体育教学活动离不开学生这一教学主体，体育教学活动中，学生也是非常重要的一个组成部分，所以要针对不同学生的具体情况与特点来对教学模式进行运用。学生的学习阶段按年龄大致可以分为小学、中学、大学三个时期。不同学习时期，学生的身体与心理情况是有明显不同的，所以体育教学模式的运用要考虑到不同学习阶段的学生的具体情况，具体如下。

（1）学生在小学时期，其身心特点具有游戏性，因此适合这一时期的体育教学模式有快乐式教学模式与游戏体育教学模式。

（2）学生在中学时期，对不同种类的体育运动项目比较热衷，而且也具备了相应的思维与逻辑分析能力，因此适合这一时期的体育教学模式有小群体体育教学模式及探究式体育教学模式。

（3）学生在大学时期，主要是接受专项体育运动教学训练，因此适合这一时期的体育教学模式有技能性体育教学模式，同时也要发挥体能性体育教学模式的辅助作用。

（四）参考体育教学条件

不同地区，其相应的教学条件也会有差异。不同地区或学校的体育教学条件具有明显的复杂性与差异性。以城市和农村地区为例，两个地区的经济水平差距很大，因此体育教学场所、设施与器材也有差距。针对这一情况，体育教师要实事求是，从实际出发，选用恰当的体育教学模式来完成教学目标与任务。农村学校的教学水平与条件有限，因此不宜采用要求外部教学条件良好的小群体教学模式。

三、两种新型体育教学模式的构建与运用

（一）启发式体育教学模式的构建与运用

"启发式体育教学模式指的是在体育教学活动中，教师以体育教学目标、教学规律以及学生的认知水平和年龄特点为主要依据，通过采取各种教学手段来引导学生独立思考、积极主动地获取知识、解决教学中出现的问题的过程。"教学中出现的问题、提高体育教学的质量以及促进学生体育学习积极性的发展是体育教学模式的实质。

1. 启发式体育教学模式的构建

（1）对问题情境进行创设

体育教师在对问题情境进行创设时，要具体以体育教材的重点和学生的客观实际为依据。在创设问题情境的过程中，体育教师不仅仅要解决学生在学习中出现的问题，更要采取一定的方法与措施来引起学生的好奇心，使其主动提出疑惑，并积极思考解决疑惑，这样有利于学生学习热情的充分调动，有利于提高学生的逻辑思考与客观分析及解决问题的能力。

（2）采用直观教学手段

体育教师在对学生进行启发的过程中，要尽量采用直观的教学方法手段，减少抽象概念的使用。直观手段具体是指对多媒体、录像、图片等直观教具的使用，直观教学方法有利于学生学习兴趣的激发与提高，有利于学生以最为简单的方式清晰地掌握学习内容。

（3）采用多样化的练习手段

体育教师在引导学生进行练习的过程中，要以体育教学任务、目的和要求为主要依据，并要擅于采取一些有助于启发教学的练习方式作为辅助学习的手段。除此之外，体育教师还可以以教材内容为依据对多样化的练习手段加以运用，以此来促进学生学习兴趣的提高，同时也能够提高学生的学习效果。

2. 启发式教学模式在体育教学中运用的注意事项

（1）对教材重点与难点有所明确

体育教材重点是学生要掌握的关键内容，教材难点是学生不容易掌握的教材内容。教师运用启发式教学模式进行教学时要以教材重点为中心，通过口头叙述、动作示范等各种教学方式来引起学生对教材重点内容的思考。体育教师也可以针对重点动作做一些生动、逼真的模仿，这样学生也能比较容易地掌握教学内容。除此之外，教师也要把学生的身心特点、认知能力和学习基础重视起来，遵循因材施教的教学原则，使每个学生的学习效率都能得到保障。

（2）对多元评价体系进行科学构建

评价学生的学习过程或结果主要是为了总结学生的学习效果，对学生学习体育起到一种督促与激励的效果。合理的评价有利于提高学生学习的积极性和主动性。评价的实施步骤具体为：评价标准的确定—评价情境的创设—评价手段的选用—评价结果的利用。评价讲究合理，不要求过于死板地对标准答案有严格的限制，根据具体情况保留一定的评价空间。教师在对学生的学习技能做出评价的同时，也要引导学生进行自我评价或学生之间的互相评价。

（二）合作式体育教学模式的构建与运用

在体育教学活动中，合作教学模式的运用有利于学生合作意识与能力的提高，有利于学生交往、实践及协调能力的增强，也有利于学生个性发展和终身体育意识的形成。

1. 合作体育教学模式的构建

（1）构建程序

首先，要以体育教学大纲规定的教学时间与教学内容为主要依据，对上课时间进行合理的分配与安排。通常，在体育教学活动中，体育理论知识教学占总教学时间的25%；学生体育能力培养占总教学时间的30%；体育技战术教学占总教学时间的40%。

其次，体育课堂教学之前教师要做好课堂教学计划，即教案。制订教学计划时教师要加强与学生的合作，与学生一起探讨教学方法的选用。

（2）具体实施

①明确教学目标。体育教学过程的第一环节就是要明确并呈现教学目标，在这一环节中，体育教师的口头讲解与动作示范要有机结合学生的观察体验与思考，加强师生之间的沟通与交流。

②对学生进行集体讲授。对学生进行集体授课时，体育教师要适当缩短授课时间，提高教学效率，从而留出更多的时间为下一环节（小组合作）做准备，教师要注意提高学生的学习积极性，擅于运用一些新颖的教学方式。

③加强小组合作学习。学生的学习主体性以及学生之间的沟通与交流是小组合作环节的重点，学生要在小组合作学习中积极发表自己的意见，提高自己的主动性、积极性以及创新性。

④实施阶段测验。体育教师在学生学习一个阶段后，对各个学习小组进行阶段测验，从而对学生在这一阶段的学习情况与效果有一个初步了解。

⑤积极反馈。在反馈阶段，体育教师要综合评价学生的具体表现。学生在小组合作学习中获取的知识比较零散，系统性很差，所以教师要正确引导学生归纳所学知识，

使之成为一个系统的知识体系，便于学生掌握与记忆。小组测试也是反馈的一个重要手段，通过测试反映出学生学习的不足，从而有针对性地对其进行纠正与完善。

2. 合作教学模式在体育教学中运用的注意事项

（1）更新教学观念

合作教学模式在体育教学活动中的运用要求对传统的体育教学观念进行更新，对学生的重要性进行重新认识，重视学生的主体地位，引导学生充分发挥自身的主观能动性，尊重学生的人格，教师在教学中加强与学生的合作交流，以学生的具体情况为依据进行教学。

（2）注重学生主体意识的培养

首先，体育教师在体育教学活动中要想方设法来激发学生的思维与学习热情，然后引导学生积极发现与探索新问题、新情况，在引导过程中，注重学生自主意识和独立能力的培养。

其次，教师要注重自身的引导作用，通过提问、质疑等手段，引导学生把注意力集中到课堂教学中。

最后，教师主导性的发挥要以实现体育教学目标为出发点，倘若没有从教学目标出发，就谈不上学生主体性的培养。

第五章 高校体育教学设计改革

第一节 体育教学设计的基本理论

对体育教学设计的要素内容及撰写规范进行归纳和分析，得出体育教学设计包括指导思想、教材分析、学情分析、教学流程、场地器材、安全防范和课时计划7个要素，并对每个要素的撰写要求进行分析。

体育教学设计是体育教学工作的重要内容。高效的体育教学必然要求高质量的教学设计。但从当前的研究来看，一线体育教师的教学设计存在着一些明显问题，如基本要素不全、随意增减内容、撰写不规范、分析不深入、缺乏针对性等，反映了一线体育教师理论水平不高、教学设计能力不足的问题。本节在参考同类研究的基础上，将深入分析体育教学设计的基本要素及各要素的撰写规范，以期为体育教师撰写规范的教学设计提供参考。

一、体育教学设计的概念

体育教学设计是指为了达成一节体育课预期的教学目标，运用系统观点和方法，遵循教学过程的基本规律，对教学活动进行系统规划的过程。体育教学设计直接指向的是课堂，是对体育课堂教学的整体构思与具体规划，体育教学设计与教学计划是具体落实与宏观规划关系，与课时计划是上下位概念的关系。体育教学设计涉及从内容选择到方法的选用、从学情分析到练习方式的安排、从场地布局到教学流程等一系列内容，实际上是要通过分析阐明教什么、为什么教、如何教等一系列教学基本问题。

二、体育教学设计的基本要素

长期以来，我们对教学设计概念的认知不清，许多"新理论"不断涌现，令人应接不暇，直接导致了一线教师教学设计模式层出不穷、参差不齐，甚至在全国性的比赛中都存在此类问题。但经过这些年的深入研究，体育教学设计的基本要素基本固定下来，一般认为体育教学设计包括指导思想、教材分析、学情分析、教学流程、场地器材、安全防范和课时计划共7个要素。其中，前6个要素是从总体上对体育课进行构思与分析的，通常以文字形式呈现，课时计划则是教学设计最核心的部分，是课堂教学实践的直接依据，一般以表格式形式呈现。

三、体育教学设计的基本要素分析

（一）指导思想

指导思想看起来虚无缥缈，与教学实际并没有密切的关系，它却起着导航的作用，是开展体育教学活动的方向和依据。指导思想一般都会陈列在体育教学设计的首位。其撰写要求为：站位高，引领强，有针对性。指导思想可分为宏观、中观和微观三个层次，如立德树人、全面发展等属于宏观层次的提法；课程标准、课程目标等属于中观层次的提法；运用有球练习提高学生的足球球感、运用丰富多彩的教学手段促进学生蹲踞式跳远技术的提高等属于微观层次的提法。

（二）教材分析

教材更是教学的载体，离开了教材，教学就无从谈起。新课改要求将教教材改为用教材教，即要树立教材是为学生发展服务的理念。体育教学设计中的教材一般是指狭义的教材，即教学内容。教材分析要在全面了解所选教材的前提下，深入分析其特点、功能、技术要领、重难点、教学方法以及一些关联性因素。务必要阐述清楚体育教学教的具体内容是什么、教的目的是什么、教的方法和手段是什么，等等。凡是不对教材进行深入分析就开展教学的便是随意教学、盲目教学，为学生发展服务更是无从谈起。因此，在撰写教材分析的时候要写全、写实、写透。

（三）学情分析

学生是课堂的中心，教学活动的出发点和落脚点都是学生。只有准确了解了学生的情况，才能选择合适的教学内容，制定合理的教学目标，采取合理的教学方法和组织形式。学情分析包括学、情和析三个方面的内容，学是指学生的人口学情况，如人数、性别、健康程度等；情是指学生学习的情况，包括课堂内和课堂外的情况；析是指分析，在把握学和情的基础上进行深入分析。换句话说，对学生基本情况的描述是必不可少的，但不能仅仅停留在阐述学生的年龄、性别、生理与心理特点、兴趣、爱好等，还应对与本节课密切关联的学生体能基础、技术基础、学法基础、锻炼习惯、学习态度等进行客观分析，从而实现描述和分析两个层面的叠加效应。因此，在进行学情分析时一定要与课堂相挂钩，避免出现放之四海而皆准的学情分析"真理"。

（四）教学流程

教学流程顾名思义是指教学环节的流程，主要是指教与学成分环节的活动程序，通常是主教材的教学步骤。而教学流程最容易被误认为是课的流程，其主要原因在于对"教学"的概念把握不准。一节课中并不是所有的环节都属于教学环节，如课堂小结、放松活动、体能练习等就不具有教学性质，不能成为教学流程的内容。对于教学流程而言，只要在教学流程要素下讲明主教材教学的各环节安排及相互关系，就已经达到了最基本的要求。

（五）场地器材

场地器材是开展体育教学的物质保障，同时也是安全隐患的集中区。场地器材的基本要求为安全系数高、面积（数量）充足和布置合理。安全系数高主要是指场地器材结构牢固，无明显湿滑，不能出现因场地器材安全性不过关导致的安全事故，如学生使用本已经断裂的单杠时摔伤、准备活动慢跑时踩到水摔倒等。面积（数量）充足是指在实际条件允许的情况下，尽量给学生增加练习面积和设备，提高练习密度，巩固技术效果，如在前滚翻练习时增加垫子数量、增加学生练习的次数。布置合理是指场地器材的布置要充分考虑教学内容、教学方法、学生特点以及教学环境等方面的要求，要让场地器材更好地为教学服务，为学生的发展服务。

（六）安全防范

安全防范是体育教学设计的重要内容。安全防范针对的是体育活动存在的一定概率的身体伤害隐患。良好的安全防范措施可以大幅度降低学生受到运动伤害的概率，同时也可以在体育伤害事故发生后教师被认定为主要责任人的现实情况下最大限度地保护教师。但实际上安全防范意识并没有在体育课堂上树立起来，在教学设计中也往往被虚无化。造成安全防范有需求却无落实、有提及但不具体、有要求而无操作的尴尬现实。在撰写安全防范时，要从教材到教学、从场地器材到组织、从生理到心理等多角度分析安全事故发生的可能性，并根据安全隐患的类型采取针对性、操作性加强防范措施，要真正做到防患于未然，要让"注意安全"从口号变为实际，从"安全防范很重要"走向"安全防范很到位"。

（七）课时计划

课时计划亦称教案，是教学设计的核心内容，是课堂教学实践最直接的依据。完整的课时计划应包括教学内容、教学目标、重难点、课的内容、师生活动、组织形式与要求、时间次数强度、练习密度、负荷预计、课后反思等内容。在撰写每一部分时，都需要做到明确、具体、科学、实际。不要出现"进一步提高学生蹲踞式跳远的技术""初步掌握篮球肩上投篮动作""通过本课学习，学生排球技术大幅度提高"等模糊表述，让课时计划真正回归其教学依据本质。

四、体育教学设计基本要素的应用性

体育教学设计的基本要素包括教学内容、教学对象、教学目标、教学过程、教学评价等，体育教学设计的基本要素既相互联系又相互制约。体育教学设计就是要根据教学目标、教学要求、教学过程、教学环节、教学评价等要素设计教学。在体育教学中，教学的整个过程都是依据教学设计来完成的。现结合初中七年级《蹲踞式跳远》教材案例的应用要求，提出相应建议。通过这种应用性的研究使体育教学设计更加成熟，以达到进一步提高体育教学水平的目标。

（一）以学生为主体设计好教学内容要素

教学内容是教学的根本依据，是设计教学目标和教学过程等要素的依据。教学设计是对教学内容和教学过程的教学安排计划，是对教学过程整体的安排和实施方案。教学内容是体育教学设计主要因素，要保证体育课堂教学的有效性，就要设计好教学内容要素。我国的体育教学有统一的教学大纲和课程要求，教学内容也有明确的规定，但由于教学对象的不同、学生的个体差异等因素，在教学中对教学内容的安排和设计也有很大的差别。对教学内容要素的设计要根据不同的教学对象，遵循学生为主体的教学原则，体现学生在教学中的主体地位。在教学过程中，它所起到的是方向性作用，为教师制定教学设计提供依据。但多年来，体育教学很少去设计教学内容这个基本要素，总认为教学就是依据规定的教学内容去设计和安排教学，课堂教学环节和教学过程等体育元素才是教学设计最重要的要素。在2022年教育部颁发的《义务教育体育与健康课程标准（2022版）》强调了体育教学设计要素的重要性，指出体育教学设计要素：（1）始终以保持学生的身体和心理健康为教学目标；（2）教学过程应当有利于培养学生锻炼身体的兴趣和正确的身体锻炼方法；（3）课程要以学生为主体，注意激发他们的创造性。

体育教学内容设计要素是进行教学的依据，但并不是一成不变的，同一个教学内容应该根据不同的教学对象而有所变化，要体现以学生为中心的教学原则，教学对象是教学内容设计要素的主要出发点，根据教学内容的不同要制定不同的教学设计，对教学过程的安排既要从学生的学习实际出发，还要根据教学内容去设计体育教学元素。在《蹲踞式跳远》的教学设计中，作为教师，我们一定要在教育部颁布的《义务教育体育与健康课程标准（2022版）》的指导下，以教学的实际情况确立多层次的教学指导思想：在教学目的上，我们应当以《义务教育体育与健康课程标准（2022版）》为参考依据，始终坚持把学生的身体健康放在第一位，将学生的实际身体状况与教学目标相结合，制定出符合实际的教学设计；从学生的发展上，要遵守《义务教育体育与健康课程标准（2022版）》的指导思想，在制定教学设计时突出学生的主体地位，增加学生主动练习的环节，充分激发学生的兴趣和积极性，从而培养出学生体育学习的兴趣和主动获得知识的能力。

结合以上概念解析和案例应用，我们可以得出以下结论：首先要依据新教育理论，再结合我们体育课堂中实践和贯彻终身体育的总体要求，从"健康角度"和"学生发展"出发，履行新《义务教育体育与健康课程标准（2022版）》要求的体育教学观，紧跟时代的节拍，以学生为中心，注重开发学生的主体性和创造性。

教学内容是其他教学设计要素的依据。教学对象的学情是教学设计的前提。教学内容和教学对象是制定体育设计的指导思想和出发点。学情分析主要包括对学生的起点状态分析以及潜在状态分析两部分。学生的起点状态分析主要包括三个方面：知识维度（学生已掌握的知识基础）、技能维度（学生现有的学习能力）、素质维度（学生的学习习惯、学习态度和个人的意志品质）。学生的潜在状态分析主要是指学生将来有可能发生的状况以及趋势的分析，主要是在现有的基础上分析学生能够在知识与技能、过程和方法、情感态度价值观等达到怎样的高度。

具体到蹲踞式跳远教学设计当中，教师可以在多个方面进行充分的学情分析。首先在学生的身体特征方面，七年级的学生在身体上正处于急剧变化的时期，身体的外形以及各个系统器官都处于快速发展中，学生的身体具有极强的可塑造性，体育运动和锻炼对学生身体的发展具有极大的促进作用。其次在学生的心理特征方面，按照埃里克森的心理发展八阶段论阐述，七年级的学生正处于角色的自我统一时期，在模仿、观察、逻辑分析、可逆运算等方面都有很大的提高，他们接受知识和模仿技能的能力增强，很适合教授他们一些基本的体育运动知识和技能。但七年级的学生正处于青春期，会产生一些心理问题，主要表现在自我意识高涨与反抗心理。

结合以上概念解析和案例应用，我们可以得出以下结论：学情分析应该作为体育教学的前提，细致的学情分析是体育教学设计的重要保障。学情分析是动态的过程，既要重视课前备课时的学情分析，也要在课堂中对学生情绪变化做临时性的现场问诊，做出自己的判断，甚至课后对学情的反思也不能"过而了之"，应重视经验的总结和提炼。

（二）以教材分析为基础，把握好体育教学设计的关键因素

体育教学的关键性因素是教学目标与教学过程因素。教学目标主导了教学的方向，教学过程决定了教学环节的安排。这些要素的设计在体育教学中是关键因素，也是教学设计因素的重点和难点。而要设计好关键要素，教师就要理解和把握教材，对教材内容进行分析和处理。教材分析指的是在教师进行教学之前，首先通过个人或者团体对教材进行充分研修，把握教材的理念框架及系统性，理解每一节课教材中的各个知识点，对教材设计的思路进行整理并加以剖析，再针对体育课堂中应当展现的教学内容进行系统性、全方位的设计，教师的课堂教学设计是进行体育教学的首要环节，也是教学实践能否取得实效的关键性因素。

以《义务教育体育与健康课程标准（2022版）》为参考依据，教师可以从这样几个角度去分析《蹲踞式跳远》的相关教材。在整个教学内容的地位上，蹲踞式跳远可以说是基础教育阶段体育教学的一项基本教学内容，它在锻炼学生的腰部力量、腿部力量、身体平衡性、身体柔韧性等方面都起着巨大的作用。通过多种形式的练习，还能使下肢肌肉富有弹性，还可以培养学生积极进取的优良品质和获取成功的良好心态。

结合以上概念解析和案例应用，我们可以得出以下结论：在体育教学中，充分且全面的教材分析是整个体育教学设计的关键所在。分析教材时，首先要认真研读教材内容，再结合"教材定性"和"教学形式"，分析教材中的问题线索、教学逻辑、活动指向、目的关联等，教师需要依靠问题线索逐步探讨，才能让问题在课堂上得以解决。

1. 以分析教材为基础，设计好教学目标要素

教学目标是指教学活动预期要实现的结果，是教育目标和课程目标的具体化，也是教师完成课堂教学任务所要达到的要求及标准。教学目标相比课程目标更具体，是课程目标在具体的课堂教学过程中的体现。在体育课堂教学中，教师应当依照课程目标和具体的教学内容来制定详细的教学目标，以便选择教学内容和确定教学目标。

在《蹲踞式跳远》教学设计中，教师根据对教材和学情的分析，可以对七年级学生制定具体的教学目标，主要是让学生习得蹲踞式跳远的技能，掌握蹲踞式跳远的技术特点，使学生对蹲踞式跳远有一个理论上的认识，以正确的动作完成蹲踞式跳远。通过练习蹲踞式跳远，能够提高学生的肌肉系统、关节系统的平衡能力以及身体协调能力，提高学生的体质。通过蹲踞式跳远的练习，来树立学生的自尊、自信，培养学生勇敢、坚毅和果断的意志品质。教师要采用讲解法、示范法、练习法等多种教学方法相结合的途径进行系统化的教学。

在教学中，对于同一教材，我们制定什么样的教学目标就决定了使用什么样的教学方法，目标设立的不同或者方法采用的不同，都可能导致课堂效果的不同。

2. 以重点难点为标尺,设计好教学过程

教学重点是根据教学目标,在对教材进行科学分析的基础上而确定的最基本、最核心的教学内容,一般是各个学科所阐述的最重要的原理和规律,是学科思想或学科特色的集中体现。教学难点是指学生通过学习仍然不能轻易掌握的知识和技能。重点和难点是两个概念,两者有时会有交叉,有时又完全不一样。

具体到《蹲踞式跳远》教学设计当中,教师可以根据教材以及学生的特点,设计出当堂课的重点和难点。其中教学重点主要就是上板积极、起跳充分、摆臂、蹬腿迅速、腾空高、踞平稳、小腿前伸缓冲、落地稳。从教学难点上分析,是起跳、助跑、腾空和落地的衔接,把重点难点做如此清晰的界定的主要原因,是由蹲踞式跳远的过程要领决定的,而掌握蹲踞式跳远这一整个过程则是这一堂课的重要教学目标。

结合以上概念解析和案例应用,我们可以得出以下结论:教学重难点是教学设计中的重要因素,是学生掌握教学内容的重要标尺。分析重点难点时,首先要从教材的基本性质出发,了解该教材的编写特点,再结合"学生的运动能力"和"技术的难易程度",确立体育课堂中教材的重点难点。

(三)以教学流程为平台,把握体育教学设计因素的应用

教学设计因素是相互区别又相互联系的设计要素,体育教学设计要素作为教学要素又是相互联系的有机整体。设计是为了应用。应用好教学设计要素是教学效果的基本保证。教学流程实际上就是教学过程,教学流程主要包括导入环节、讲授环节、练习环节和巩固环节。

具体到《蹲踞式跳远》,在教学设计中教师可以将教学过程设计成四个环节:导入环节,在课堂开始之前,教师可以让学生观看一些蹲踞式跳远的视频以及图片,让学生对蹲踞式跳远有一个最初的直观认识,激发学生的兴趣。讲授环节,教师主要是向学生讲授蹲踞式跳远的基本动作要领,通过亲身示范,直观地展示蹲踞式跳远的过程,让学生习得蹲踞式跳远的动作要领。练习环节,为了增加练习环节的趣味性,避免练习的枯燥,教师可以让学生做一些与蹲踞式跳远有关的小游戏,例如顶球游戏,教师可以将球置于高处,让学生在慢跑中用头顶球,这样来练习学生的起跳和摆臂的动作。总结环节,教师在练习过后对学生的练习情况进行总结,指出其优缺点,以此来巩固练习效果。

结合以上概念解析和案例应用,我们可以得出以下结论:教学流程关系着教学的实际操作,是教学设计中最为核心的环节。设计教学流程时,首先要准确地理解与把握好教材,再结合教材的"关系比重"和"教学重难点",相应地进行合理的认定和安排。在教学中,教师对教材本身的理解越深刻,对教学内容的使用就会更趋于合理化。

教学形式在教学重难点和教学目标等方面加大分析力度，流程的设计就会更具有逻辑性和层次性，明确这一点能让教学流程层次清楚、简明扼要、一目了然，教学效果也将事半功倍。

通过前面几个基本要素的分析与铺垫，最后再制定出具体的体育课教案，体育课教案应该是指导思想、教材分析、学情分析、目标方法、重点难点和教学流程等最终的表现形式，这些基本要素的分析与归纳统称为体育教学设计。体育教学设计是体育教学重要的组成部分，其重要意义在于教师通过体育教学设计的制定，提高体育课的课堂教学效率，激发学生锻炼身体的热情和信心。

第二节 体育教学设计的改革与发展

一、青少年体育运动技能教学情境设计

体育教学的发展一直以来都不够重视对运动技能的学习，全民体育也只是在于增强人的体质而发展提倡的，一说到运动技能，大家都会想到说那是专业运动员的事，但事实上运动技能的学习对每个人都很重要。随着全民体育的发展，学校体育、青少年体质健康问题引起社会的广泛关注。2015年，国家体育总局发布的《中国青少年体育发展报告》中关于青少年体质数据的统计首次把青少年体质问题推向高潮。2016年是"十三五"规划开局之年，以青少年体育规划与布局为主题，围绕已经颁布或即将颁布的青少年体育政策法规和发展规划，提出个人全面发展和终身体育发展的要求。因此，在体育教学中应加强对运动技能的学习，只有科学地掌握运动的技能才能从根本上提高学生的身体素质，不仅如此，运动技能的学习还可以提高学生对运动的兴趣爱好，激发学生对运动的热情。

（一）对青少年体育运动技能学习的认识

随着我国经济文化不断发展，人类的生活方式发生了重大变化，人们对自身的追求逐渐转向自身的健康，对健康有了更高的要求，同时对青少年的健康要求也越来越高。发挥家庭、学校、社区三位一体的联动机制，能够丰富家庭社区的体育文化，能够构成社区和学校体育资源共享。因此，若要想使青少年达到体育锻炼的目的，必须培养青少年终身体育的意识。伴随着各个相关政策的提出，全国各大院校在体育教学方面的改革成果也相继而出，主要针对现行的体育教学模式存在的教学弊端大，不能真正地把终身

体育意识灌输给每个学生。

针对开放式运动技能研究的新进展，运动技能的教学分为开放式和闭锁式，开放式运动技能灵活性强，主体与情境的交互作用占主导位置；闭锁式运动技能则是预先的技术动作，灵活性差，教学方式单一，相对来说开放式教学更有难度，但更科学合理。开放式运动技能研究意义重大，在学校体育方面，关系到学生的运动兴趣和运动技能提高的教学目标。

运动技能教学情境设计的必要性。实践证明，生动有趣的教学情境可以有效地激发学生的学习兴趣，促进师生互动，从而激发学生主动、积极的学习态度，让学生更好地掌握学习技能。那么，在短网运动技能教学过程中，如何设计出符合学生身心发展的情境，成为当前从事体育教师及教育工作者的一大难题。因此，本研究通过对体育这一运动项目特点的把握，根据开放式运动的技能原理，合理有效地创设出适宜的运动技能教学情境，旨在为广大体育教师指导短网教学提供方向，并为体育在我国的发展和普及提供实践经验和理论基础。

（二）影响青少年体育运动技能学习各阶段的因素

第一，运动技能学习前期。运动技能教学的思维认知和内隐性知识的转化对于学生来说难度较大，尤其是内隐性知识转化为外显性知识，这是需要一个教学手段的强化过程。通过创设教学环境，使其知识学习外显特征显现出来，囊括了学生对整体教学情境的认知以及基本技术的内化。因此，在这个阶段的主要学习影响因素包括教师的动作示范能力、将本体感知内隐性知识化为外化的教学内容组织能力、语言表达能力、学生对知识的理解、加工记忆的认知策略、技术动作模仿水平以及相关类似运动经验所导致的学习迁移。

第二，在运动技能学习中期，技能学习中的联结得到进一步的强化。从学习过程讲，主体学习出于本体决策和本体应答行为学习阶段，需要进行瞬时合理的技术选择，以及做出合理的动作技术。其中本体决策知识教学仍然属于将内隐性知识外化的过程，需要学生掌握不同情境下的教学内容和战术知识。而本体应答行为学习内容是结合情境下的基本技术学习。因此，在这个阶段的主要影响因素有基本技术的熟练程度、结合情境下的不同战术要求的决策教学内容安排以及学生的身体运动能力。

第三，运动技能学习后期，学习过程主要是对本体感知、环境外显特征、本体决策和本体应答行为学习效果的综合体现。这个阶段的主要影响因素是学生的技术熟练程度、战术掌握水平、身体素质、视觉和听觉的感知能力。

（三）青少年体育运动技能教学情境设计的路径

通过简化体育运动项目的规则，以体育游戏和比赛为中心，培养学生在各种体育运动比赛中分析问题和解决问题的能力。领会教学法经过多年的探索实践和不断的改进，目前已日趋完善。现根据体育领会教学法的教学模式结合开放式运动技能学习原理，将体育运动技能情境化教学设计流程分成六大部分：项目导入；比赛导入；战术意识的培养；预判能力的培养；运动技能执行；动作表现。

1. 体育项目导入

体育教学中运动项目的导入既是开始，也是关键。一个运动项目导入的方式方法不同，将会直接影响到学生学习的效果和教学质量。因而，在这一初始环节，教师要首先把握教学环境空间和单位时间，空间上表现在学生学习的环境，对体育的认识程度，对该运动的兴趣性，以及年龄、性别、身体素质等主观因素。时间上表现为在教学中如何安排进行对该项目的初步认识，如何使其获取更直接的感知经验，且在相同的空间范围内实现各个方面因素的协调。例如，通过短网运动技能教学情境的导入，将项目的特点各概念也穿插在其中，让体育运动的情境和问题能够直观地加以呈现，创造宽松有趣的学习环境，并引导学生积极、主动地思考自己与情境之间的关系，让学生来预判自己在可能的比赛状态中的角色，并主动地探索与分析自己可能遇到的问题，为下一环节做准备。

2. 体育运动比赛导入

在比赛讲述中也应该反复强化该项目的基本技术要领，导入比赛应该坚持循序渐进的原则，通过详细讲解和解答学生的疑问，能够让学生在获取亲身运动体验的同时进一步巩固该项目的基本技巧和要求，同时结合比赛的规则适当加强学生战术意识的培养，提高学生的灵敏素质，遵循比赛规则，有条不紊地巩固运动技能的学习。在这一环节，体育教师为了有效地激发学生的学习兴趣，让学生尽可能积极主动地参与到教学活动中来，可以采用主动设疑或者是设问式集体互动以及合作探讨的方式来进行，为下一环节做好准备。

3. 战术意识的培养

依据开放式运动技能的学习过程原理，学生的体育战术意识的培养应贯穿教学的始终，只有这样才能激发学生学习的斗志和情绪，使学生能够在体验体育运动的同时获取比赛的归属感和认同感。设置教学情境在体育运动技能教学中，战术意识培养作为教学实践应用的第三环节。在这一环节，任课教师可以在体育游戏或者是体育比赛进行了一小段时间之后稍加强调，通过学生感官意识主动寻求战术战略以争取赛场主动性，如有疑问，可以展开小组讨论和交流，通过发表各自的意见来一起思考和解决各种疑问，从而在帮助学生了解和体会基本的体育战术的同时，实现对学生体育战术意识的引入和塑造。

4. 预判能力的培养

体育运动中青少年学生的预判能力是争取赛场主动的关键环节，也是学生灵敏素质的一种表现。学生对体育运动基本战术有了基本认识和体验之后，体育教师就可以组织学生进入预判能力的培养环节。在预判能力培养环节的导入也是基于前面几个环节的，在此基础上实现体育游戏与体育比赛共融互通，即为以游戏丰盈比赛，以比赛促进锻炼，以实战来感染情绪，以情感认知获取预判意识，以预判能力应对复杂的赛场环境。那么，在这一环节针对两个关键问题：一方面"做之前的判断"，在瞬息多变的体育运动比赛或游戏中，学生要能够筛选各种复杂信息，通过运动经验的丰富和习惯赛场环境气氛，形成直接的感官意识和行为习惯，对赛场信息进行有效合理的预判，使学生短网运动更为协调持久；另一方面是"判断之后的行动"，要选择能够实现最佳效果的动作技能，也就是需要决定如何来做的行为过程。

5. 体育运动技能的执行

运动技能执行这一环节考查学生的赛场执行应对能力，也是预判能力的继续。行为执行力是在原有感知经验的基础上，配合战术意识使用的体育运动技能技巧，也是配合体育运动比赛中的战略战术实现的目标前提。例如：学生运动技能行为执行不当，战术配合就失去了原有的效果，之后再通过反复练习总结经验，再联系再总结，在游戏中纠正，在比赛中锻炼。以使学生的运动技能执行能力逐渐趋于成熟，为下一环节的导入奠定了基础。通过在运动技能执行阶段来掌握动作技巧，是提高学习效果的重要途径。

6. 体育运动动作的表现

动作表现是教学情境引入的最后环节，通过动作表现能够反映学生运动技能的学习程度，这也是在完成运动技能执行阶段之后设置这一环节的原因。学生就应借助反复的练习和比赛来实现所学习的体育动作技能和战术观念的实践运用，并以此来提升自己在体育运动中的技能。体育教师在动作表现阶段主要扮演的是纠正者或反馈者的角色，在整个教学环节中教师应引导学生进行正确的运动技巧、方式、方法，通过语言和肢体感官信号刺激，使学生能够快速领悟运动的奥妙之处，进一步加深学生对短网运动项目的认知和情感，这将会直接反馈在学生自身的动作表现当中。

二、体育教学改革的媒体设计

视听教学媒体是科技产物，运用教学媒体能够改进教学效果，教学媒体已经成为教师必备的教学技术，虽然影响教学效果的因素很多，但运用视听教学媒体是提升教学效果的重要因素之一。基于此，对体育教学改革的媒体设计进行初步的研究，对于体育教育教学改革具有重要的意义。研究认为，在以目标为导向的体育教学与学习历程中，体育教师的教学行为功能一般包括：组织有效的学习环境；编排合理、渐进发展的学习内容。新世纪的体育教师，必须具备视听媒体的运用与制作能力，以适应体育教育教学的创新发展。

在以目标为导向的体育教学与学习历程中，体育教师的教学行为功能包含组织有效的学习环境，编排合理、渐进发展的学习内容，适时适地为学习者提供动作技能的反馈信息。笔者尝试以体育教学媒体作为体育教学的系统化设计，其项目诠释分析如下。

1. 分析条件。

首先要分析任教学校的环境条件，如场地、设备、器材、经费、师资、校风、社区背景等，也要理解学生本身的条件，如兴趣、能力、性别、年级、文化背景。

2. 制定学习目标。

在了解学生的需求之后，就要设定学生的学习目标，没有目标的教学活动是盲目的，所以应该制定符合学生需求、不违背教育目标和国家政策，同时让学生能够达到的教学目标。而体育教学是一连串复杂动作的交互作用，所以教学目标的拟定，应以单元教学的概念为基础，做出整体的教学规划。

3. 选择或制作教学媒体。

针对一节课或单元教学的内容，搜集相关的媒体，设计新的媒体或翻制已有的媒体，当然也要注意版权的问题，必要时要征求原作者或出版者的同意。

4. 媒体规划。

媒体选定或制作完成之后，如何利用媒体，媒体的使用需要多久的时间，教室场所的准备和必要的设备或仪器的操作以及课堂上的讨论和分组活动、学习团体等必须预先做出计划安排。

5. 运用媒体。

视听媒体运用到教学活动上，固然有其功能、意义及时代特征，但也有其限制，所以视听媒体不能是教学的全部，而应该是从属教学、增强教学效果，因此教师不能失去自己应有的角色和职责，应该结合媒体的使用，加以解说、运用、引导、提示等，以便取得积极的教学效果。

6. 学生的反应。

学生期待学习什么以及如何表现出较为具体的目标，能够立即给予教学反馈，达到教学互动的作用。

7. 评测。

评测教学的有效性是非常必要的，必须对整个教学过程及进度做一个评量，以合理评估教学效果。

8. 分享。

各级图书馆或视听教育馆、资料中心、文化中心等文化教育机构，有时会印制一些政府出版品及印有该馆或该中心所储备的视听媒体目录，当然也包括体育教学媒体目录，这些资料有的必须亲自索取，有的则可以通信索要。有些图书公司为了宣传，也会印制样品或目录，可以联系取得，以供教学使用。

9. 运用社会资源。

上述文化教育机构，大多设有视听中心或视听室，可以申请使用。一般情况下，这些媒体大多不能外借，只能现场观看，也可以自行拷贝，不过这可能涉及版权及图书馆的管理问题，不容易实施。博物馆、文化教育中心等文化教育机构，有时也会举办一些和教学有关的展览或表演活动。

三、休闲教育理论视角下的高校体育教学设计

体育教学设计是为体育教学活动制定蓝图的过程，它规定了教学的方向和大致进程，是师生教学活动的依据。教育部2015年年底发布的数据显示，中小学生身体素质在多年下降之后变好，而大学生身体素质下降的现象却并没有得到改善。我国高校面临着大学生竞技水平的提升与身体素质的下降形成的巨大反差。高校体育教学在"普遍有闲的社会"的背景下该何去何从呢？随着全民健身上升为国家战略，我国高校体育迎来了最好的发展时代，教育和体育正向"同谱一首曲、同唱一台戏"转变，"体教结合"正朝"体教融合"迈进，提升运动能力、增强学生体质、培养完善人格成为高校体育三位一体的目标。当前，我国所进行着的这场伟大的、深刻的、史无前例的社会转型和教育改革呼唤人性美的回归，关注人文精神的培养，注重人格的完善与发展，让高校体育教学真正"为终身体育而教，为自身全面发展而学"。

（一）休闲教育在体育教学中的语义呈现

"休闲"源于希腊语"Shole"，英文为"leisure"，意为休闲和教育，在娱乐中伴随文化水平的提高。曼蒂和L.奥德姆（Jean Mundy&Linda Odum，1979）对休闲教育的论述被认为是当前对休闲教育最完整的认识。他们认为休闲教育是一场使人能够通过休闲来改善自己生活质量的全面运动；一种使人能够在休闲中提高自己生活质量的方法；一种贯穿于从幼儿园以前到退休以后的终生教育；一种通过扩大人们的选择范围，使他们获得令人满意的、高质量的休闲体验的活动；一场需要多种管理机制和服务体系共同发挥作用承担责任的运动。它体现在人类生活的方方面面，对休闲教育的研究通常与其他学科相联系。在心理学层面上，美国心理学家奇克森特米哈伊认为，休闲教育是

一种不需要外在标准界定的具体活动,是有益于人健康发展的内心体验,它重视人的自由、满足、愉悦、幸福等内心的感觉而不是外在的活动形式。哲学层面上,我国学者马惠娣认为,休闲教育是人的一种生命状态,是一个"成为人"的过程,是人完成个人与社会发展任务的主要存在空间,它不单是关注寻找快乐,更重视休闲与人的本质之间的联系,即寻找生命的意义。社会学层面上,美国休闲学者奇克与伯奇认为,休闲教育是人与人之间关系的发展和增进的社会空间。它强调人与人之间的联系并同时发展人的个性的生活方式和生活态度。

随着人们对休闲与教育、体育之间关系的深入研究,以及对知识、教育、课程本质和功能认识的发展,体育课程正从经验型、科学型向文化型或生活型转变。在休闲推动教育改革的同时,我国学校体育教育面临着休闲时代到来的巨大挑战。鉴于休闲时代体育功能的蜕变,一些时尚、轻松且具有休闲价值的体育项目进入高校体育课程成为教学内容的"新宠儿"。我国学者普遍认为,休闲体育教育将取代知识身体教育,休闲教育思想以重视人的自我表现,关注人"成为人"的过程,引导追求真善美的生活逐渐融入高校体育,成为推动21世纪学校体育改革和发展的重要内驱力。

休闲教育不是把休闲内容当作事例在课堂上讲解,不是以娱乐或娱乐职业的价值为核心,也不是向所有人鼓吹一种休闲生活方式,更不是一门或一系列课程。著名的休闲教育家布赖特比尔认为,休闲教育是一个缓慢的、循序渐进的过程,需要传授一定的技巧并要练习这些技巧。休闲教育很难以独立课程的形式存在于学校的体育课程中,但是并不影响休闲教育渗透在体育课程教学中,使体育教育过程更具休闲色彩。把休闲引入体育教学中,并非否认体育教学目标的重要作用,而是把休闲作为体育教学模式设计的一种新的思路,体现出休闲的理论参照价值。休闲教育与体育教育融合的主要做法:①休闲理念在体育教学中的渗透;②在体育教学中插入休闲活动;③把休闲活动当作一种体育教育资源;④教师适时对学生的休闲活动做出积极评价;⑤通过体育平台帮助学生了解获得各种休闲活动的知识、技能的途径。鉴于高校体育教学内容发展演进过程中所表现出的时代性特征,结合当前高校体育增进青少年健康的历史使命和如何实现"休闲"和休闲生活方式养成中所面临的困境,本研究将从休闲教育的视角对体育教学设计系统进行探讨,希望得到全新的启示。

(二)休闲教育与大学生体育教育结合的依据

1. 休闲教育与大学生体育教育结合的理论依据

2007年4月国务院颁布的《关于全面启动全国亿万学生阳光体育运动的通知》指出,要"精心策划,认真研究制订方案,吸引广大青少年学生走向操场、走进大自然、走到阳光下,积极参加体育锻炼"。2007年5月《中共中央国务院关于加强青少年体育增强青少年体质的意见》指出，要认真落实健康第一的指导思想，把增强学生体质作为学校教育的基本目标之一。要"根据学生的年龄、性别和体质状况，积极探索适应青少年特点的体育教学与活动形式"。这两个文件再一次阐明了学校体育要坚持"健康第一"的重要思想。不同的是，"阳光体育运动"代表了今后增强青少年体质的一种具体的组织形式，中央7号文件则提出了要探索科学、合理的体育教学与活动形式。2016年5月6日国务院办公厅印发的《关于强化学校体育促进学生身心健康全面发展的意见》（国办发〔2016〕27号）指出，学校体育要遵循教育和体育规律，以兴趣为引导，注重因材施教和快乐参与，定期开展阳光体育系列活动和"走下网络、走出宿舍、走向操场"主题群众性课外体育锻炼，为学生养成终身体育的锻炼习惯奠定基础。从2007年的中央7号文件到2016年的中央27号文件，9年来中央和国家对学校体育和学生体质状况可谓高度关注。这些文件的出台，为高校体育教育指明了方向：今后的高校体育教材内容建设应当是在保持共性特征的同时发展个性；在保留传统项目的同时发展不乏时代气息的现代化休闲项目；在发展体能、技术的同时发展个性和健全人格；在发展学生体质的同时渗透休闲教育；用休闲教育功能破解高校体育教育中出现的发展性问题有着独特的社会价值。

2. 休闲教育与大学生体育教育结合的现实依据

高校体育课程改革，遵循时代发展要求，在《全国普通高等学校体育课程教学指导纲要》（2002）的指导下，课程目标、结构、内容、教学方法、资源开发等方面发生了巨大的变化。特别是灵活的选课方式及时尚运动项目的引入等措施为高校的体育课堂增添了许多活力，得到了广大师生的一致认可。但这种人性化的教学模式面对十二年应试教育后的大学生如何养成参与体育休闲的习惯、大学生闲暇时间的增加与体质健康休闲能力低下之间的矛盾如何得到解决、大学生体质健康下滑趋势如何得到有效控制等学生体质健康状况与社会需求逐渐脱节的现实出现了一些新的矛盾和问题。在体育教育改革实施素质教育、复归教育本性的推动下，休闲课程作为教育课程或体育课程逐渐走入高校，实现休闲教育和体育教育的再次融合，推动了休闲体育教育的诞生。休闲教育理论为大学生的体育教育提供了一个崭新的切入点，通过这个切入点可以反观当前大学生体育教育存在的不足，并寻找探索解决这些不足的新路径，如关于高校体育教育目标体系如何体现休闲体育教育时代性，如何进行"休闲运动项目"的教材化改造，并使之与竞技运动项目、民族传统体育项目相得益彰等问题。这些问题的解决，最根本的将依赖于教学目标、教学内容、教学模式等的革新设计。

（三）休闲教育视角下的体育教学设计

1. 休闲教育视角下高校体育教学指导思想的设计

遵循《纲要》要求，以休闲教育为核心，确保高校体育教学指导思想多元化的常态实施。体育教学指导思想是指在体育教学的实践活动中，直接或间接形成的对学校体育教学的认识或观点，并对教学活动方向起指导作用。纵观我国学校体育百年来的发展史，其实就是体育课程目标的多元化带来的教学指导思想多元化的演化史，即从"军国民体育思想"到"快乐体育思想"的演化，从"教化自然身体"到"知识身体教育"的推进。对于我国经历的"体质教育""三基教育""全面教育""竞技体育""快乐体育""终身体育"等多种教育思想，不同学者见仁见智，众说纷纭。多种教学指导思想的存在和实施会活跃体育教学，促进体育教学模式的多样化发展，有利于对体育学科特质的认识和对体育功能的开发。

高校体育工作者逐渐认识到休闲时代体育功能的嬗变，在"健康第一"思想的指导下，针对我国大学生闲暇时间的增加与科学健康休闲能力低下之间的矛盾，根据《全国普通高等学校体育课程教学指导纲要》提出高校体育课程的五个方面基本目标，尊重兴趣、健康、适应、体质、素质等众多体育教学思想，把休闲教育、生命教育、生存训练融入体育教学，确立了参与休闲运动、养成休闲习惯、掌握休闲技能、注重体验过程和增进健康素养等新的高校体育教学目标取向。高校体育教学目标向多元化、多层次、多方位的方向发展，使得体育的休闲化、娱乐化趋势日益明显，组织化程度日益加强。休闲教育视角下的高校体育教学将以休闲教育为核心，以尊重学生的生命、人格、个性、差异和自由为原则，通过休闲价值观的阐释和现代休闲方式的规范，达到培养学生休闲兴趣、健全学生体质以及提升学生终身健身意识、习惯、能力的目的。

2. 休闲视角下高校体育教学模式的设计

积极探索，促进休闲与体育交融、兴趣和健康提升的体育教学模式不断创新。体育模式的创新是体育教学永葆生机活力的重要保证。当前我国高校体育教学模式犹如百花齐放，有代表性的有"三自主""三互动""三自治""三开放"模式，"选项课＋教学俱乐部＋选修课体育教学"模式等。各模式采取的组织形式也不尽相同，主要有分层次教学、快乐体育教学、情景教学、体育俱乐部教学、课内外一体化教学等，使得我国高校的体育教学形成多种教学模式和多种组织形式并存的局面。不同的教学目标产生不同的教学模式，某一模式是为某一目标服务的。评价某一模式的优劣，以最后是否达到教学目标为依据。所以，休闲教育视角下的高校体育教学模式必须根据教学目标取向的多元化而建立，必须在发扬传统教学模式优点的基础上，通过教学内容创新和重视学生学习过程体验，有效推进传统教学模式和组织形式的不断创新。其主要体现在两个方面：

形式上，不断改进教学方法和组织模式，尽可能多地应用现代教育技术，"突破"熟悉、初步掌握、泛化、熟练掌握"四阶段"，讲解示范、练习、纠错、再练习"四过程"传统的体育教学过程，实施不以通过比赛追求成绩，不以崇拜力量为目的，突出教学过程的休闲性和学生的乐趣体验；内容上，根据新兴时尚运动休闲项目的受欢迎程度，实施以休闲教育为重点的内容"重构"来满足大学生的不同休闲需求,实现娱乐性、健身性、开放性与文化性的整体融合。从发展趋势来看,俱乐部型体育教学模式将成为今后我国高校体育教学的主要模式。各高校可以借鉴发达国家的成功经验,积极实施以休闲为中心的俱乐部制休闲运动教学模式,主要做法是:根据高校人才培养目标,结合大学生对休闲体育的需求,培养和建立终身休闲体育意识,掌握1~2项长期从事锻炼身体的技能和方法,充分发挥个人的体育才能、兴趣与爱好,为终身健康奠定基础。

3.休闲教育视角下高校体育教学过程的设计

在体育教学中插入休闲活动,突出教学过程的乐趣体验,重视以休闲教育为核心的养成教育。我国高校体育教学面对多种教学模式,其组织形式和教学方法存在的问题主要表现在以下方面:一是缺乏针对性,众多体育教学思想一齐涌入高校体育课堂,教学主题分散、任务繁重,体育教师面对一节节具体的体育课时,感到茫然无助;二是缺少内涵,体育教师的休闲技能参差不齐,为了完成教学任务,拼凑的花样繁多、内涵却有所欠缺;三是形式简单,因担心教学事故,过分强调学生的主体地位,突出新颖自由,普遍存在淡化运动技术,内容与手段过于简化,学生课堂练习的密度与强度很难达到所需要水平;四是形式匮乏,以教师为中心、技能教学为主依然很重,学习氛围过于严肃,教学效果却不理想。

毛振明在《体育教学论》中指出,体育教学的过程是体验运动乐趣的过程,这种乐趣是体育运动生命力的体现,也是体育教学的学习目标和内容。学者刘海春认为,教会学生如何掌握运动技术技能固然重要,但经过应试教育的大学生学习生活幸福与否,决定因素是他自己的休闲价值观,它支配着大学生对休闲生活方式的选择,决定着大学生业余活动的内容、频率与持续的时间。所以休闲教育视角下的高校体育教学过程应是:在中小学体育教学的基础上,用合理的组织形式和科学的教学方法,向大学生提供规范化的休闲方式,帮助大学生养成健康的休闲习惯,使其成为"社会人"。教学过程既不以通过比赛追求成绩,也不以崇拜力量为目的,在接受"团队精神""遵守游戏规则""公平竞赛"等人生教育的同时,教师的主导作用逐渐淡化,学生的主体地位在不断增强,传统的"讲解—示范—练习—纠错—再练习"的教学范式逐渐被"分组练习与比赛"等具有自主学习特征的教学组织形式和"目标引导"等具有合作学习特征的教学方法取而代之,师生交流与"双边互动"成为体育教学的新时尚,体育教育诸多环节进步明显。

4.休闲教育视角下高校体育教学内容的设计

革新优良传统项目、延续校本和特色项目、吸纳新兴时尚项目,挖掘各项目的休闲功能,提升体育教育的文化品位。高校体育教学内容要为教育目标服务,如果体育教学通过丰富多彩的内容和诸如游戏、课堂竞赛、素质拓展等教学手段,让学生在体育教学中享受身体活动乐趣,将有助于学生整体素质的提高。相关研究表明,我国高校体育教学内容存在诸多问题:一是与中小学教学内容交叉重复、形式雷同;二是校本课程开发力度不够,照抄照搬,缺乏特色;三是休闲体育项目为迎合学生,盲目求新、求异;四是受场地设施条件和教师休闲技能的制约,新兴时尚项目难以开展,已开展的项目效果不佳。休闲教育视角下高校体育教学内容的设计,要围绕"健身"和"休闲"两大教育目标,必须以是否适应终身锻炼要求,是否与社会接轨,是否与未来职业相适应为原则,以培养现代休闲体育生活方式为重点的内容"重构"。其主要表现在以下方面:

一是对本校优良传统项目进行革新,譬如"三大球"等传统内容"改装"成三人制篮球、五人制足球、趣味排球等;二要延续校本和特色项目,譬如羽毛球、乒乓球,由于运动量适中,方式优雅、灵巧,受到学生钟爱,应大力推崇,舞龙舞狮、腰鼓、轮滑、龙舟、武术等具有地区特色的项目应发扬光大;三是吸纳新兴时尚项目,一些时尚、新颖、刺激的休闲项目如街舞、定向越野、野外生存、台球、桥牌、攀岩、保龄球、极限运动、轮滑等,要有选择地走进体育课堂并逐渐固化为教学内容,以最大限度满足学生多元化的体育需求。挖掘运动项目的休闲功能和休闲运动项目的引入,即使没有也不可能动摇竞技运动项目在教材体系中的主体地位,"竞技运动的休闲化"和"休闲运动技术的规范化"将二者紧密联结,建立以人为本、淡化竞技、注重健身、添加时尚、增强意识、发展个性、养成锻炼习惯为中心的新的课程体系,将进一步提升体育教育的文化品位和精神内涵。

5. 休闲教育视角下高校体育教学评价的设计

适时对体育教学中师生的休闲活动做出积极评价,建立一个评价主体多元化、评价内容多层次化、评价方法多元化的激励机制和评价体系。体育教学评价是按照体育教学性质和教学目标,采用各种评价手段对教学各环节进行分析、判断及提供决策的过程。它既是检查教学效果的手段,同时也是一种激励措施。调查显示,我国高校体育教学评价手段主要表现为以下方面:根据《国家体育锻炼标准》《体质测试标准》对学生的学习结果给出一定成绩;根据课时工作量、学生评价、学校教学督导随机听课抽查等对教师的教学效果进行指标量化。这样的评价结果手段单一,很难激起师生的教学热情,也很难对高校体育教学进行科学的评价。因此,探索为学校、教师、学生服务的新途径,调动其积极性和创造性,健全高校体育教学评价制度势在必行。

休闲教育视角下高校体育教学评价的设计,是按照体育教学目标多元化、多维度的要求,根据教学模式的不同、教学过程中教与学的规律和政策,建立起相互激励的多维度评价体系。首先,对于学生学习的评价,要按照《纲要》的要求明确学生的学习是学习过程和效果的评价,除了考核身体素质、运动技能方面的指标外,还要根据学生的课堂表现、健康知识、课外锻炼、个体差异、学习态度、锻炼能力、意志品质等进行过程性评价。把相对性评价与绝对性评价结合对有个体差异学生给予定性评价;根据学生的体育基础、学习进步程度，进行一定的分层评价，在统一的标准要求下，可以定性地给出不同层次学生的相应成绩。其次，对于教师教学的评价，要结合学生评教、督导评价、领导评价、同行评价等多方考核，制定出一套较客观、公正，具有说服力的量化评价办法。在教师的业务考核、职务评聘和评优、评先中，应以教学为重要依据，以体育素养、教学能力、科研能力、教学效果和敬业精神等为考核指标。各高校应从理论知识水平、教学内容与方法、教学态度、课外体育教学参与程度、继续教育情况、学生反馈等方面建立起一个评价主体多元化、评价内容多层次化、评价方法多元化的激励机制和评价体系。

高校体育是实施素质教育和培养全面发展的人才的重要途径。休闲教育视角下高校体育教学改革的推进是一个系统工程，必须由学校、教师和学生通力合作才能完成。体育教学的主体、客体和教学内容、教学方法、教学模式等构成了一个有机的整体，在教育运行过程中，各个要素既要发挥各自的作用，体现各自的功能，又要协调配合，通过各环节的超循环运转，按照《纲要》的要求，遵循教育和体育的发展规律，在课程目标、课程结构、教学内容方法、课程建设与资源开发和课程评价等方面，尽可能地实现终身教育、素质教育、人本教育、生活教育等多种教育诉求。

第六章　体育课堂教学技能训练

第一节　体育课堂教学技能分类与形成

教学技能是有目的、熟练完成教学行为的教学技术或方法，即教学技术是能够完成，并且可观测的教学行为方式。体育教学技能就是为了实现体育教学目标，在体育理论与教学理论的指导下，通过不断练习而逐渐形成的，熟练完成体育教学任务的行为方式。体育教学技能概念内涵强调技能是通过不断练习而形成的，其技能形成的标志就是能够熟练完成教学任务。

一、体育教学技能的分类

为了改进教学技能分类的不足，顺应体育与健康课程改革对体育教师提出的新要求，完善体育教学技能分类体系，在前期研究成果基础上研究体育教学技能分类非常有必要。

科学合理地体会教学技能分类，有助于体育教师深刻认知教学技能，使科学训练有效并形成教学技能，从而提高教学质量，为教学技能更科学、更适用的分类提供参考。

1. 体育教学技能的以往分类

我国对体育教学技能的分类研究较少，学者们的现有研究大都结合了体育教学独有的特点，对体育教学技能进行了分类。

有的学者依据体育课程教学的特殊性将教学技能分为以下几种：组织教学技能、动作演示技能、语言运用技能、活动创编技能、纠正错误技能和测量评价技能。有的根据体育课教学行为方式和教学特点将体育教学技能分为导入技能、讲解技能、动作示范技能、教学组织技能、人体语言技能、诊断纠正错误技能、结束技能和教学设计技能。有的着重介绍了从事体育教学工作所需要的实践技能——体育教学实践技能，从宏观上将体育教学实践技能分为体育教学计划编制技能、体育课堂教学实施技能、说课与模拟上课技能、体育教学反思技能。

2.体育教学技能的重新分类

体育教学技能的重新分类遵守分类原则,在现有分类基础上,取长补短,借鉴国外教学分类注重师生互动、可观察性和可测性等特点,突出一般学科教学和体育学科特点,保证分类的科学性,避免交叉、增强实践指导作用。依据体育课教学活动即教师指导、学生练习、教学组织、观察休息、保护与帮助5大部分将体育教学技能进行重新分类,分别为教学内容编制技能、学习指导技能、活动组织技能、帮助保护技能和负荷调整技能。体育教学这5种教学活动之间分别独立,所以据此分类的体育教学技能也不存在交叉混乱的情况。根据体育课教学活动将体育课堂教学技能分类,提高了教学技能分类对体育教学活动的指导意义,凸显了体会教学技能分类的实践价值。将教师指导和学生练习分开描述,充分体现了新课改中以"教师为主导""学生为主体"的原则,避免了分类中的交叉,以教师指导确定了学习指导技能,以学生练习确定了练习内容编制技能。体育课强调互动性和安全性,保护与帮助技能非常重要,不可或缺。体育教学的特点就是使学生身体承受一定的运动负荷,这既是增强技能提高技能的必要因素,也是给学生带来伤害的潜在因素,熟练运用运动负荷调控技能,将提高教学效果,也能有效预防运动负荷导致的过大伤害。

根据体育教学5项活动将教学技能分成5个教学技能类,各类还包括许多子类。内容编制技能包括内容选择、内容改编、内容安排等技能,活动组织技能包括课堂常规贯彻、活动分组实施、队列队形调动、场地器材使用等技能,学习指导技能包括内容讲解、问题导引、活动提示、身体示范、媒介展示和效果评价等技能,保护与帮助技能包括安全措施落实、技巧摆脱危险、助力完成动作、外部(信号、标志物、限制物等)手段运用等技能,负荷调控技能包括心率水平预计、练习疲劳判定、练习密度调整、练习强度调控等技能。

二、体育教学技能的形成

(一)体育教学技能形成的感知过程

1.感知的特点与作用

感觉是人脑对直接作用于感官客观刺激物的个别属性的反映,知觉是人脑对直接作用于感官客观刺激物的整体反映,二者统称为感知。知觉的产生必须以各种形式的感觉存在为前提,通常二者是融为一体的,合称为感知觉。个体的一切心理和行为都源于感知活动。

感觉具有随环境和条件变化而变化的特点,在感觉的基础上,知觉表现出了整体性、选择性、理解性、恒常性的特征。整体性是主体在过去经验的基础上把由多种属性构成的客观刺激物知觉作为一个统一整体的特性。在这个过程中,主体利用过去的经验、知识解释知觉对象的特性即为理解性。知觉是在一定的客观条件下进行的,主体会根据当前的需要选择刺激物的一部分作为知觉对象,这反映了知觉的选择性。而当客观条件在一定范围内改变时,主体的知觉映像在一定程度上仍保持着稳定,这就叫作知觉的恒常性。

感觉和知觉作为两种不同层次的心理过程,属于感性认识阶段,个体的一切心理和行为都源于感知活动。感知技能是知识和技能学习的起点,任何技能学习均缘起于主体的感知活动。主体使用多种感官去感知同一个知觉对象,将不同感官获得的信息传递到大脑,从而获得对事物的全面认识,这对于技能的学习起着至关重要的作用。如果将知识或技能的学习比作一扇门,那么感知技能就是打开这扇门的第一把钥匙。

2. 体育教学技能形成的感知阶段

(1) 选择适应阶段

选择适应阶段是体育教学技能形成的开始阶段,练习者在这个阶段首先会对体育教学技能产生笼统的、不精确的综合印象。在教师讲解下或者通过一些体育教学技能训练的形式或途径,如体育教学观摩等,练习者会将各部分技能知觉整合成一个整体,即体育教学技能。经过此阶段,练习者对体育教学技能建立整体的感知映像,要深化这种认识还需要进一步的理解和加工。

(2) 理解加工阶段

理解加工阶段是指根据知觉的形成过程,在个人对知觉对象理解的前提下,迅速对获取的信息进行理解加工的阶段。在这一阶段,教师通过言语的指导和提示唤起学习者过去的经验,补充知觉的内容。学习者根据以往经验、知识,进一步对体育教学技能的各个组成部分,进行比较精确的分析,如教师对于教案设计的讲解,可以加深学习者对课的类型、教学目标、教学方法等内容的理解。在此基础上,理解体育教学技能各个组成部分之间的关系和联系,如教学内容编制技能与其他各技能之间的关系,从而构成新的综合,使教师对于体育教学技能的感知更清晰、更精确。

(3) 巩固恒常阶段

通过前两个阶段,练习者已对体育教学技能形成了一定感知映像,但是这种映像是不稳定的。在巩固恒常阶段,学习者将变化的客观刺激物与经验中保持的表象结合起来,巩固前阶段对体育教学技能的感知,建立起对体育教学技能的恒常性观念。

3. 体育教学技能感知训练过程

(1) 感受性变化

感受性指感觉器官对适宜刺激的感觉能力。主体的各种分析器的感受性会随外界条件和自身机体状态不同而发生相应的变化,具体表现为适应、对比和相互作用。体育教学技能形成的过程是提高知觉分化水平的过程,在这个过程中需要多种感知觉的共同作用,需要充分调动主体的视知觉、触知觉、深度知觉、肌肉知觉、节奏知觉和空间知觉等来促进其体育教学技能的形成,可以通过微格教学等多种技能训练形式,来提高学习者的感受性变化。

(2)整体理解性

整体理解性是指知觉的对象有不同的属性,由不同的部分组成,我们把它作为一个有组织的整体,并用自己过去的经验予以解释。体育教学技能由教学内容编制技能、活动组织技能等多种维度的技能组成,学习者通过感知将这些技能知觉作为一个整体,即体育教学技能。这种整体理解的特性一旦形成,即使在一定范围内发生变化,知觉形象并不因此发生相应的变化,这有助于学习者通过纷繁复杂的现象把握体育教学技能的本质和规律。

(二)体育教学技能形成的心智过程

1.心智的特点与作用

心理学上将心智定义为人对已知事物的沉淀和储存,是通过学习而形成的合乎法则的心理活动方式。从心智的定义可以看出,心智决定了主体认识事物的方法和习惯,具有指导主体思考和思维方式的特性。此外,心智过程会影响主体的行为结果并不断强化,体现了心智的修正特征。

主体器官感受到外部刺激后会根据以往经验做出分析,在这个过程中心智就会发挥作用。首先,它是主体获得经验的必要条件,主体接收信息刺激后,经由个人运用或观察得到进一步的回馈,若自己主观认为是好的回馈就会保留下来,从而形成经验。其次,心智对解决问题起着直接的调节与指导作用,主体对于问题的解决必须经过判断问题性质、选择表征的形式、确定步骤、执行等一系列的心智动作才能实现。最后,心智是主体技能形成与发展的基础之一,技能是在获得知识、掌握技术的基础上,通过迁移、概括、系统化而形成的,这个过程中心智过程必不可少。

2.体育教学技能形成的心智阶段

(1)原型定向阶段

心智活动的原型,即心智动作的"原样",也就是外化了的实践模式或"物质化"了的心智活动方式或操作活动程序。原型定向阶段是使主体掌握操作性知识的阶段。主体通过了解心智活动的"原样",即体育教学技能的构成要素,建立起初步的自我调节机制,从而知道该怎样做、怎样去完成,为实际操作提供内部的控制条件,明确学习的方向。在内容编制技能、活动组织技能、学习指导技能等体育教学技能训练时,应使学习者理解各部分的构成要素,建立初步的自我调节机制。内容编制技能的训练中，原型定向阶段只是技能形成的开端，要真正形成技能，还需要进行实际操作。

（2）原型操作阶段

原型操作阶段是指依据心智技能的实践模式，把主体头脑中所建立的各种活动程序计划以外显的操作方式付诸实践。学习者在原型操作过程中，依据前一阶段形成的体育教学技能定向映像做出相应的学习或实践行为。与此同时，练习者践行体育教学技能的行为也会在头脑中形成反应，进而在感性上获得完备的映像，这种完备的映像是技能形成的内化基础。因此，掌握各维度的技能时，应通过模拟上课、说课等多种训练形式或途径增强练习者将技能付诸实践的能力。

（3）原型内化阶段

如果说在原型操作阶段，主体外显的操作方式是一个由内而外、巩固内化的过程，那么在原型内化阶段，主体以外的操作方式付诸的实践会进行一次由外向内的过程，即主体心智活动的实践模式（原型）向头脑内部转换，使技能离开身体的外显形式而转向头脑内部。练习者在此阶段，对体育教学技能进行加工、改造，使其发生变化，认识由感性水平上升到理性水平，逐渐定型化、简缩化。

3. 体育教学技能心智训练过程

（1）原型模拟

原型模拟首先需要确定其实践模型，即确定体育教学技能的操作原型或操作活动的顺序。因此，确立模型的过程实际上是把主体头脑中观念的、内潜的、简缩的经验外化为物质的、外显的、展开的心理模型的过程（也称为物质化过程）。为确立技能的操作原型，必须对整个体育教学技能系统进行分析：①对系统进行功能分析，分析系统对环境的作用，其中包括作用的对象、条件及结果；②对系统做结构分析，分析体育教学技能系统的组成要素及各组成要素之间的相互关系；③将功能分析与结构分析有机地结合起来。在拟订假设性的操作原型后，还应通过实验来检验这种原型的有效性。在实验中如能取得预期的成效，则证明此假设原型是真实可靠的，这种经实验证实了的原型就可以在教学上应用。反之，如果在实验中假设原型不能取得预期成效，则对此原型必须予以修正或重新拟订。可以通过参与体育教学技能大赛、微课教学等多种活动，加强检验，提高练习者此阶段的能力。

（2）分阶段练习

由于体育教学技能涵盖了教学内容编制、活动组织等多种技能，且每一种技能是按一定的阶段逐步形成的，所以在训练时必须分阶段、分类别进行，才能获得良好的成效。分类别进行是指体育教学技能中的每一维度技能，往往是由多种心智动作构成的，一种技能的某些部分可能在其他技能的学习中已经形成，则这些已经形成的部分就可以在心智水平上直接迁移，而不经历上述三个阶段。分阶段进行是指在某类别技能中，有些内容是主体已掌握的，有些是未曾掌握的，那就必须针对那些未掌握的进行分段练习，注意做好新旧内容间组合关系的指导。

（三）体育教学技能形成的操作过程

1. 操作的特点及作用

从教育心理学角度讲，操作是指学习者能迅速、精确、流畅和娴熟地执行操作、很少或不要有意识地注意的一种学习过程。

知识与技能必须经过操作才能最终掌握，在这个过程中，操作便现出了以下作用。首先，操作是主体变革现有知识和技能不可缺少的心理活动因素，操作过程是主体对现有经验总结的过程，是在长期学习过程中积累起来的，借助于这个过程主体才能更好地提升经验，革新现有知识。其次，操作是技能形成和发展的重要构成要素。操作过程是使主体顺利完成某种实践任务的行动方式，因此，主体对于某一技能的掌握必须经历操作过程。

2. 体育教学技能的操作阶段

（1）定向阶段

操作定向也叫"行动定向"，指在了解操作活动结构的基础上，在头脑中建立起操作活动的定向映像过程。体育教学技能的操作定向是指在了解体育教学技能构成及各部分作用的基础上，在头脑中建立起的各维度教学技能结构及教学动作的映像过程。操作必须在主体的、实际的操作活动中才能进行，所以操作的主体必须在操作前了解操作的结构，在头脑中建立起操作活动的映像，然后才能知道在进行实际操作时做什么和怎么做，必须事先进行定向。此阶段的作用在于帮助练习者建立初步的自我调节机制，只有练习者在对"做什么"和"怎么做"有明确的了解之后才能进行相应的活动，才能更快更好地掌握有关的活动方式，促进体育教学技能的形成。

（2）模仿阶段

操作的模仿也叫作"行动的模仿"，指仿效特定的动作方式或行为方式，是获得间接操作经验不可缺少的一种学习方式。根据现代心理学的研究，模仿可以有多种形式，可以是有意的或无意的，也可以是再造性和创造性的。就体育教学技能而言，模仿的实质是将头脑中形成的定向映像以外显的实际动作表现出来，是在定向的基础上进行的，是技能掌握的开端。通过模仿，练习者把对技能的映像转变为实际行动，将头脑中各种认识与实际操作联系起来。具体表现在以下两个方面：一是模仿检验已形成的技能映像，使之更加完善和充实，以使技能映像在技能形成过程中发挥更加有效、稳定的作用；二是可以加强个体的技能感受，从而更加清晰地了解技能结构，加强技能实施的控制。

(3)联合阶段

操作联合阶段是指把模仿阶段反复练习固定下来的各维度技能相互结合，使之定型化、一体化。练习者在模仿阶段只是初步再现定向阶段所提供的行为方式，但对复杂的体育教学技能而言，要准确地掌握并在一堂课中较好地运用各部分技能，还应掌握各维度技能的相互衔接，这在模仿阶段是难以实现的。通过联合，各部分技能之间相互协调，技能结构逐步趋于合理稳定，初步概括化得以实现。此外，在联合阶段，个体对技能的有效控制也逐步增强，保证了其联系性和有效性。因此，联合阶段是体育教学技能形成过程中的关键环节，它是从模仿到自动化的一个过渡阶段，也为自动化活动方式的形成打下良好的基础。

(4)自动化阶段

就某一技术动作的掌握而言，操作自动化是指通过练习所形成的动作方式，对各种环境变化的条件具有高度的适应性，从而使动作的执行达到高度的完善化和自动化。其内在机制是在大脑皮质中建立了动力定型，即大脑皮质概括的、巩固的暂时神经联系。就体育教学技能的掌握而言，主要是指在体育教学中教学技能的执行过程不需要意识的高度控制，执行者可以针对不同的教学内容、不同的学生以及不同的教学环境等，灵活、熟练地运用教学技能，完成教学任务。这是体育教学技能形成的高级阶段，是由于操作活动方式的概括化、系统化而实现的。

3. 体育教学技能操作训练过程

(1)操作定向

操作定向是体育教学技能掌握过程中的一个必要环节，它的作用在于初步建立起操作的自我调节机制，进而不断调整学习者已经建立的技能表象。练习任何技能都必须以表象为基础，而熟练的操作技能都包含着非常清晰、准确的动作表象。因此，在训练过程中实施者要利用精准的示范和语言讲解，帮助练习者建立起这种自我调节机制。准确的示范与讲解可以使练习者不断地调整头脑中的表象，形成准确的定向映像，进而在实际操作活动中调节技能的执行。

(2)操作模仿

大量实验都证明，模仿练习是形成各种操作技能不可缺少的关键环节，只有通过应用不同模式的模仿练习，才能使学习者原有的技能映像得以检验、校正、巩固，并为发展为熟练的技能铺平道路。体育教学技能由多种维度的技能组成，较为复杂，在模仿阶段，要注意整体练习与分解练习相结合，如先加强学习者对活动组织、学习指导等技能练习，再通过模拟上课等方式将各部分技能联合在一起进行练习。此外，模仿练习应与实际练习相结合，并加强反馈。模仿练习是练习者增强自我体会、自我调整的一个过程，在实际练习中应做出相应的调整，从而获得提高。在这个过程中要注意信息的反馈，充分而有效的反馈在操作技能学习过程中的作用是非常关键的。

（3）操作整合

操作整合即把构成整体的各要素联结成整体。操作的整合是体育教学操作技能形成的其中一个阶段，为掌握复杂的操作系列所必需。因为体育教学技能的操作不仅要求确切地把握每一个维度，同时也要掌握各操作技能间的动态联系。在操作整合阶段，条件不变时，练习者对于技能的把握较稳定，但当条件变动，会发生对自己的错误不能意识、感觉的现象，很难对动作进行有意识的调节或控制，难以维持技能的稳定性、精确性。因此，此阶段的训练主要是进行专门的训练，提高练习者技能的清晰性和稳定性。

（4）操作熟练

操作熟练是体育教学技能掌握的高级阶段，是指通过练习形成的活动方式，以增强技能对各种变化着的条件有高度的适应性。教学技能的熟练是在反复练习的基础上实现的，但这种反复练习并不是机械的重复，在练习过程中要不断根据练习效果提高练习的目标与要求。通过参与体育教学技能大赛、示范评比课、集体备课等体育教学技能训练形式或途径，可以有效增强练习者对于体育教学技能的操作熟练程度。例如，能控制课堂秩序是活动组织技能训练最基本的要求，在达到这一要求后还要力求学习气氛轻松活跃，做到活而不乱。另外，虽然练习的强度和密度都对技能的熟练起到促进作用，但要注意合理地分配练习时间，要根据各维度技能的难易程度以及练习者的掌握情况进行时间分配。

第二节 体育课堂教学技能训练过程与原则

一、体育教学技能训练的过程

体育教学技能训练的过程是指为完成体育教学技能训练的目标所进行的启动、发展、变化和结束，并在时间上连续展开的程序结构。体育教学技能训练的过程由动机激发、目标设计、训练形式途径和方法构成，明晰训练过程有助于练习者理解技能训练的基本原理，认定训练目标，履行训练计划，了解训练形式途径和方法。

(一)体育教学技能训练动机的激发

体育教学技能训练动机是指推动个体参与体育教学技能训练的内部心理动因。体育教学技能训练动机具有始动、选择、强化和维持的作用,对体育教学技能训练的效果产生重要影响。

1. 体育教学技能训练动机的重要性

(1)对训练行为具有始动作用。动机是行为的原始动力,对行为起着始动作用。动机理论认为,动机的始动作用是由诱因引起的。诱使体育教学技能训练的外部因素很多,如新课改对教学实践的要求、教学竞赛展演的竞争、职称评定的压力等,均可促进体育教学技能训练动机的初始动能。

(2)影响训练行为的选择。在体育教学技能训练动机的作用下,训练行为指向与体育教学相关的内容编制、学习指导、活动组织、保护帮助、运动负荷调控等技能的学习过程,影响着训练行为的选择,决定着个体从事体育教学技能训练的努力程度。

(3)强化训练意识,促进教学能力的可持续发展。体育教学技能是体育教学从业人员的核心素养之一,通过技能训练,体育教学技能训练的动机得到了激发,能力得到了提高,强化了技能训练与自我更新的主动意识,促进了体育教学能力的可持续发展。

2. 体育教学技能训练激发动机的方法

教育心理学研究表明,激发动机需要从影响动机的两个要素即内部需要和外部诱因入手。因此,体育教学技能训练动机的激发,是根据体育教学技能的学习目标,通过设置特定的教学情境,满足体育教师体育教学技能的需求的过程。具体来讲,要从以下几个方面激发体育教学技能训练的动机:第一,设置合理的具体的体育教学技能学习目标;第二,增强体育教学技能的主观感知,提高教学胜任能力;第三,开展各种形式的教学技能展演竞赛活动,增强教学活动愉悦体验;第四,及时反馈,开展建设性评价,获得满足感和成就感。

(二)体育教学技能训练的形式和途径

体育教学技能训练不仅是技术行为能力提升的过程,更是心智技能和情感体验的历程,通过了解各项体育教学技能的基本要素,分析其运用时常见的错误与问题,从而选择行之有效的训练形式和途径,使体育教学技能的提高事半功倍。体育教学技能训练的形式和途径很多,在教学实践中较常见的以个人训练自我活动为主的形式有微格教学、教学观摩、教案设计、模拟上课和说课。以集体配合完成的训练途径有微课教学、体育教学技能大赛、示范课评比、集体备课和跟岗培训。

（三）体育教学技能训练的方法

1. 感知训练方法

人体通过感知建立与外在世界的联系，并形成直接经验。人在间接经验知识学习过程中，也常需要借助身体的感知，使知识转化成能够被感知的事物或代码，以帮助理解和吸收。所以感知是认识的基础，它为获得直接的体验以及建立抽象概念提供了实质性的内容。随着感知的经验越来越丰富，感觉越来越敏锐，认知活动也就越广泛和深入。因此，体育教学技能的形成和建立首先从体育教学技能的感知觉开始。体育教学技能的感知觉训练是指通过观察、聆听、体验等方法，获得体育教学技能的主观感知，其是体育教学技能形成的基础。

2. 心智技能训练方法

现代教育理念对体育教学的要求越来越高，其中心智技能的地位越来越重要，不仅要熟练掌握体育教学的操作技能，还必须从事教学内容编制、负荷调控等以脑力劳动为主的工作，并具备一定分析问题和解决问题的能力。因此，心智技能训练主要包括分析能力训练和解决能力训练。

（1）评课法。评课法能提高分析问题的能力，它既可以通过课后自评的形式，对体育教学内容编制是否合理、活动组织是否有效、保护与帮助的方法是否正确、负荷调控是否科学等进行反思，也可以听取专家和同行的意见，或对公开课或网络视频课进行分析和评价，通过多种路径提高教师分析问题的能力。

（2）设疑法。设疑法是指设置特定的教学情境和问题，让练习者拟订解决问题的方案。例如，对于体重较大和身体素质较差的学生如何设置运动负荷，不同水平的学生如何进行活动组织更加有效等。

（3）纠错法。纠错法是指找出体育教学过程中不合理的地方，并提出解决问题的方案。例如，队列队形的设计与调动是否过于烦琐，负荷安排过大或过小如何进行调整等。

3. 操作技能训练方法

操作技能训练是体育教学技能训练中最重要的一个环节，根据操作技能形成的过程和规律，操作技能训练的方法包括表象训练、模拟训练和整合训练三种方法。

（1）表象训练。表象训练是指将与特定教学任务有关的体育教学知识或技能，在头脑中重现的训练方法。通过表象训练，能够有效建立与教学任务有关的认知结构，从而确立教学活动初步的调节机制。表象训练的基础是通过对体育教学活动的观察、体验及反思来完成的，是体育教学技能形成定向阶段最有效的训练方法。

（2）模拟训练。在表象训练的基础上，本着从实战出发的训练原则，设置具体教学情境，分别对体育教学内容编制、活动组织、学习指导、保护帮助及负荷调控进行针对性的模拟练习，增强练习者的实践能力。

（3）整合训练。整合训练是指将各项体育教学技能综合起来应用到教学实践中的训练方法。设计完整的体育课或教学单元，将不同的体育教学技能应用到实践教学中，形成前后连贯、相互协调、合乎教学法则，优质高效的教学技艺。

二、体育教学技能训练的基本原则

体育教学技能训练的基本原则是广大体育教师在长期教学实践中积累的经验概括和总结，对体育教学技能训练具有普遍的指导意义。

（一）理论研究与教学实践相结合原则

理论研究与教学实践相结合原则是指在体育教学技能训练理论的指导下，紧密结合体育教学实践，有效地进行体育教学技能训练。

体育教学过程是复杂的，课堂的教学行为也千变万化。体育教学技能训练必须理论先行，了解并掌握体育教学技能形成的规律，形成正确的认知，在科学的理论指导前提下，才能顺利地开展。否则，技能训练的效率将难以保证，甚至走弯路。理论研究要与教学实践相结合，在教学实践中，通过教学设计、课堂教学等具体教学环节发现教学中教学技能存在的问题。因此，二者结合才能有针对性地改进强化，从而提高训练效果。

（二）单项技能训练与综合训练相结合原则

单项技能训练与综合训练相结合原则是指在注重提高单项体育教学技能的同时，还要将单项技能不断融入综合训练之中，使各单项技能有机整合，实现整体优化。

一般来讲，单项技能训练是指针对一项或以一项为主的体育教学技能的训练。综合训练是指同时涉及多项体育教学技能的训练。在综合训练中，训练环境、程序、内容、目标和手段等相对于单项技能训练会更复杂，更接近体育教学的实际，难度更大，更具挑战性。单项技能训练与综合训练相结合有利于提高体育教学技能水平。

（三）个人训练与团队训练相结合原则

个人训练与团队训练相结合原则是指根据体育教学技能训练的实际需要，合理采用个人训练或团队训练的形式，整合个人训练的自主灵活及团队训练的责任、竞争意识强等特点，有效提高体育教学技能训练水平。

个人训练主要以个人自主学习，自主训练为主，强调自为、自律、独立训练。团队训练是指以团队的形式进行体育教学技能训练，强调团队整体的训练及团队整体的进步。个人训练与团队训练相结合，有利于促进个人及团队整体体育教学技能水平的提高。

（四）传统手段与现代手段相结合原则

传统手段与现代手段相结合原则是指根据体育教学技能训练的实际需要，合理采用训练手段，既要积极利用体育教学技能的现代训练手段，也要恰当采用传统训练手段，传统手段与现代手段互相补充，有效提高体育教学技能水平。

传统体育教学技能训练手段主要是指师徒传授、教学观摩等，现代体育教学技能训练手段是指微格教学、多媒体技能培训系统等。传统手段与现代手段都有各自的优势和不足，传统手段与现代手段相结合，能够实现优势互补，会极大增强体育教学技能训练的实效。

以上对体育教学技能训练的四个原则进行了分析。实际上，四个原则是相互联系、相互影响的，在运用过程中，既不能夸大某一原则，也不应低估其他原则，只有综合考虑并结合实际，灵活而有创造性地运用，才能发挥原则的指导作用。

第三节 体育课堂教学技能训练模式

体育教学技能训练的模式是依据认知科学理论建构，将技能的形成提升到认识论和方法论的高度，以行为主义、认知主义、建构主义、人本主义学习理论为基础，对体育教学技能训练模式的含义、结构和要求进行了深入解析。体育教学技能训练模式起着承上启下的作用，既要将技能训练的基本原理贯彻到具体模式中，又要为训练实践活动提供理论指导、操作程序和策略分析。没有一种模式是普遍有效的、最优的，熟练掌握体育教学技能，需要应用不同的训练模式，也就是要根据自身具备的能力条件和技能本身的实际特点，选择运用不同的或多种体育教学技能训练模式，考虑训练策略，设计实施方案，掌握相应的体育教学技能。

一、程序训练模式

体育教学技能的程序训练模式以行为主义学习理论为基础，主要目的是促进体育教学技能形成的快速高效、准确规范。

（一）程序训练模式的含义与特征

1. 程序训练模式的含义

程序训练模式是指把按照程序排列的体育教学技能内容作为外部刺激因子，运用相应方法不断练习，进而掌握并达到技能自动化水平的训练过程范式。行为主义学习理论把人类学习归结为与外部环境相互作用的反应系统，即"刺激—反应"（S—R联结）系统，通过控制外部刺激就能控制和预测行为，进而控制和预测学习效果。程序训练模式中体育教学技能与练习者技能习得之间，是直接的、纯粹的直线型关系，反复、明确的体育教学技能刺激，有助于学习者的技能习得，益于自动化操作规范的学习与形成。

2. 程序训练模式的特征

根据体育教学技能的程序训练模式概念分析，程序训练模式具有以下特征。

（1）程序性

把体育教学技能分解成许多小的项目，按照一定的顺序排列起来，对每一项目都必须熟练掌握、操作和运用，经过审核通过，再进入下一步的学习。

（2）对应性

反复、明确的体育教学技能刺激，有助于技能习得，有益于自动化操作规范的学习与形成。体育教学技能与技能习得之间，是直接的、纯粹的、一一对应的直线型关系。

（3）渐进性

程序训练模式的训练计划编排体现了学习活动循序渐进的特点，每一个练习项目都是下一个项目的前提和基础，只有对前一个小项目完全理解和掌握了，才能进行下一个小项目的练习。

（4）稳定性

程序训练模式中的操作步骤与节奏安排等都是固定的，必须严格执行，不可随意变更。

（二）程序训练模式结构

1. 结构要素

在早期的学习研究者看来，人类的行为都是通过条件反射建立新的刺激反应联结而形成的，学习的实质是条件反射形成和巩固的过程。因此，程序训练模式的结构要素包括训练目标、措施手段、训练步骤和评价标准。

2. 过程

（1）设定训练目标

明确且合理的训练目标对于程序训练模式来说是极为重要的，体育教学技能操作自动化是显著的训练目标。体育教学技能必须纯熟、流畅，才能在体育教学过程中运用自如，提升教学效率和效果。

（2）确定训练的措施手段

程序训练模式多适用于体育教学技能训练的初级阶段，以及单项的、基础的技能训练，如口令提示、队列队形变换、讲解示范、保护帮助动作等，可以采用分解、重复、循环等练习手段进行训练；对于综合技能也可以采用观摩、评价、模拟、比赛和理论讲解指导等方式，通过教学观摩、跟岗培训、微格训练、体育教学技能大赛等途径，反复训练直至技能达到自动化。

（3）制定训练步骤

训练步骤包括训练内容、时间序列和连接形式。将体育教学技能分解成若干小项目，并按照一定顺序呈现，通过既定次序，完成一整套的训练任务。由初始到技能形成之间可划分为多个小项目（以4个为例），训练顺序可以是直线式（基础项目—递进项目1—递进项目2—高级项目），可以是分支式（基础项目—递进项目1—小项目1.1—小项目1.2—递进项目—小项目2.1—小项目2.2—小项目2.3—高级项目），也可以是跳跃式（基础项目—递进项目—高级项目）。例如，通过"跟岗培训一周"提高体育教学技能，步骤可以是直线式的，"看课—评课—撰写培训日志—模拟上课—示范课—专家评比"，其中模拟上课是难点，可通过"模拟课前准备、模拟学习指导、模拟教学组织"等分支式小项目形式达成。

（三）程序训练模式要求

1. 合理编排，循序渐进

将体育教学技能按照操作的难易程度分级，由低到高、由简单到复杂，进行小步子的逻辑序列编排，使每一个正在学习和掌握的项目成为后一个练习项目的基础或相关部分，关注不同训练项目之间的衔接，按部就班地严格遵照程序训练模式的步骤进行训练。

2. 区别对待，自定进度

训练安排必须严格履行程序设计要求，不能随意变更练习的顺序，但应注重个体差异，根据自身的掌握情况调整练习进度，使训练速度与能力保持一致。依据个体对技能形成的难易感受，可自行调控训练步调，采取分支式、直线式或跳跃式的训练步骤。

3.反复练习，巩固强化

把体育教学技能分解成片段知识、单个技术或单元项目，遵循预定程序组织训练活动，反复训练，加深记忆，达到自动化操作水平。反复练习不是简单的重复，而是在反馈基础上，调整练习重点，攻关难点，直至熟练掌握。训练安排有既定的步骤和计划，可无限次反复练习，也只有通过检验和修正多次反复练习才能达到技能自动化的效果。

4.适时反馈，自修为主

程序训练模式重视环境刺激对个体行为的影响，容易忽视内部心理过程，循规蹈矩的按套路训练，积极性和主动性有时难以发挥。因此，对训练的效果要适时验证和反馈，认识到自身的不足，自觉提高或降低训练强度，培养主动获取知识的方法、思维能力和创新精神，以及自学、自修的能力和习惯。

（1）研定评价标准

确定检查与考核的内容及形式，程序训练模式的评价以阶段性评价为主，每完成一个小项目的训练，都要对其进行诊断和总结。例如，是否能够熟练地调动队伍、调整队形，讲解示范是否流利自如，是否能流畅地完成课堂教学，在体育教学技能大赛中取得的名次等。

（2）反馈调节

反馈调节阶段需要及时、适时和有重点地呈现反馈信息，使体育教学技能的程序训练模式形成畅通的回路，对训练的目标、内容、计划和方式进行反思，科学调控训练的程序安排和练习次数。如果在训练过程中，发现对某个小项目的习得出现困难，可返回至前一个步骤加强练习之后，再重新进行此项目的训练。

二、探究训练模式

体育教学技能的探究训练模式以认知主义学习理论为基础，认为学习在于个体内部认知的变化，是一个比刺激—反应联结要复杂得多的过程。在既定目标的指引下，模仿、迁移甚至创造性的应用体育教学技能，解决实际训练中的问题，培养练习者发现、分析与解决问题的能力。

（一）探究训练模式的含义与特征

1.探究训练模式的含义

探究训练模式是以体育教学技能中的某项技能为目标，在技能训练的特点、实施要求等原理指导下，主动发现问题、寻找答案，进行探索和研究性活动的训练过程范式。认知主义学习理论认为，学习就是面对当前的问题情境，在内心经过积极的组织，从而形成和发展认知结构的过程，强调刺激、反应之间的联系是以意识为中介的，强调认知过程的重要性。

探究训练模式是通过有意识的练习形成"路径导航"的综合表象，"路径导航"包括训练的内容、方法、时间、环境等要素及它们之间的关系，是指在明确训练目标的前提下，将体育教学技能训练中的要素布局在特定的环境中，经过个体内心的项目识别和组织协调，"导航"训练直至目标技能达成的过程。探究训练模式必须对所要进行训练的目的、意义明确，对所需掌握的技能有清楚的认识，并能遵循一定的顺序和规律操作，直至完成目标技能的训练任务。漫无目的的探究活动，既浪费时间又无助于技能的形成。

2.探究训练模式的特征

（1）探索性

探究训练不是简单的、机械的形成运动反应，而是在明确目标的指引下，以发现问题、分析问题、解决问题为逻辑主线，强调个体内在心理过程，激发学习者的主观能动性，按照既定路线自觉训练，清楚练习目标、步骤、环节和方法，在探寻的过程中提升心智技能和操作技能。

（2）主体性

重视在技能训练中个体的主体地位，强调认知、意义理解、独立思考等意识活动和心理动机，以及训练的亲历性、灵活性、主动性和发现性，使其在主动观察、判断、分析、归纳等基础上解决问题。

（3）基础性

重视个体训练中的准备状态，即训练效果不仅取决于外部刺激和个体的主观努力，还取决于一个人已有的知识水平、认知结构和非认知因素等，基础准备是任何有意义的探究训练赖以产生的前提。

（4）体验性

体验性是要求进行目标模式训练时亲身观察、探索和体验，提倡理解原理、独立思考、发现知识的过程。体育教学技能训练不仅可以习得体育教学基础知识和技能，更是获得生活与学习体验的过程。

（二）探究训练模式的结构

1.结构要素

学习在于内部认知的变化，是学习者有意识、主动参与的过程，学习是一个比 S—R 联结要复杂得多的过程，注重解释学习行为的中间过程，即 S—R，认为主体意识是学习过程的中间变动。因此，体育教学技能训练认知模式的结构要素包括训练目标、训练路径、主观意识、训练方法和评价标准。

2. 过程

（1）拟定训练目标

训练目标要从训练开始阶段就清楚地锁定，才能目标明确地进行探究活动，高效完成训练任务。

（2）描绘训练路径

通过任务分析法，将目标技能分解为若干要素或"标致点"，即系列问题，再将这些要素或"标致点"整合设计成系统的训练路径。与程序训练模式不同，探究训练模式训练路径的制定没有严格的难易程度和顺序要求，路径上的标志性指示必须清晰准确、互相连接、层层推进，以便参照指引发现问题，顺利完成训练任务。

（3）主观意识参与

主观意识参与训练的过程其实就是"导航"的过程，也就是发现问题—分析问题—解决问题的过程。依据训练路径的指引，通过有意识的感知、认知、识记、分析、比较、期望、想象和思维等心理过程，完成"路径导航"，训练练习者的心智技能，培养决策能力。

（4）确定训练方法

探究训练模式多适用于体育教学技能训练的中级阶段，可以采用探究式学习法、自主学习法、小群体学习法、讨论法等方法，也可以采用专家同行交流、成果汇报、案例解析、师徒结对等方法，通过微格训练、模拟上课、跟岗实习等途径，以积极主动、自觉训练为前提，对某一方面的体育教学技能形成全面、系统的认知。

（5）研定评价标准

探究训练模式不仅重视个体对知识的理解和掌握情况，而且特别强调个体在训练中的行为表现，因此，该模式的评价应以形成性评价、相对性评价、定性评价等为主，以训练过程的努力和独立思考的程度为主要指标。由于心智提高程度和情感体验等心理学指标难以测定，因此，只能把学习者的读书笔记、教学心得和反思材料等，作为解读其心理和训练过程的重要依据。

（6）反馈调节

目标训练模式的反馈，是通过评价目标达成度和认识、理解、判断、执行等能力，对训练的难易程度、环节安排和训练时效性等进行反思，科学调控训练的目标设定、环节连接和推进过程等。

(三)探究训练模式的要求

1. 积极内化,激发动机

探究训练模式是一种积极主动的过程,因而内在的动机与训练活动本身会促进个体的内在强化作用,可有效提升心智技能。然而,此模式对非智力因素重视不够,情感、意志、兴趣、性格和需要等均会影响训练目标的达成,只有重视激发和调节训练动机,强化内部心理过程,使智力因素与非智力因素紧密结合,才能使训练达到预期效果。

2. 充分准备,独立思考

重视个体训练中的准备状态,进行体育教学技能训练之前,必须清楚自己的状态和所具备的基础,包括技能基础和认知水平。训练效果不仅取决于外部刺激和个体的主观努力,还取决于一个人已有的知识水平、认知结构、非认知因素等,基础准备是任何有意义训练赖以产生的前提。在以往的认知经验的基础上,独立思考,发现学习材料本身的内在逻辑结构,从而掌握体育教学技能。

3. 问题明确,任务具体

在体育教学技能训练开始前,就要明确提出要探究的目标问题即核心技能,明确训练的目的,因为探究训练活动是为最终达成技能、形成目标服务的。而围绕目标问题设计的相关任务,必须具体、指向清楚,有助于练习者循规而至。

4. 不断尝试顿悟渐悟

探究训练模式注重个体技能形成的体验过程,主要是亲历发现问题、研究问题、解决问题的学习过程,在不断尝试探索和寻找答案中,提高判断和决策能力,通过技能训练过程,感悟探究的心理过程,有利于在未来的体育教学实践中合理运用探究教学法。

三、情境训练模式

体育教学技能的情境训练模式以建构主义理论为基础,练习者通过情境训练模式提高体育教学技能,更能体验知识的习得与转化过程,以亲身体会阐释练习过程,有利于对具体教学情境和自身教学行为的反思,提高及时、有效应对不断生成和变化着的、复杂多样的教学形势的能力,学习并获得处理各种教学问题的经验。

(一)情境训练模式的含义与特征

1. 情境训练模式的含义

情境训练模式是在创设训练情境的前提下,通过角色扮演,经过主体的选择、加工和诠释,将技能知识转化为教学实践的训练过程范式。认识并非主体对于客观现实简单的、被动的反应(镜面式反应),而是一个主动的建构过程,在建构的过程中主体已有的认知结构发挥了特别重要的作用,而主体的认知结构亦处在不断发展之中。获得知识的多少,取决于个体根据自身经验去建构有关知识的意义的能力,而不取决于记忆和背诵的能力。由于每个练习者所具备的经验不同,每个人对体育教学技能的理解方向和建构方式也不尽相同,情境训练模式帮助练习者发展自主训练的意识和能力,利于其不断地自我更新和自主成长。

2. 情境训练模式的特征

(1)直观性

在情境训练模式中,充实、检验、完善、反思和提炼体育教学技能,以建构和提升实践能力的过程,是在适当的情境和气氛中进行的,因此,练习者通过角色扮演,能够充分融入训练当中,直观感受训练经过。情境训练模式是个体对训练情境的改造和感受的过程,通过亲历和感知训练情境,使主体建立对目标技能整体的认识,并在已有知识的基础上,提升体育教学技能的水平。

(2)自主性

个体必然有着不同的知识背景和经验基础(或不同的认知结构),因此,即使就同一个目标技能而言,相对应的训练活动也不可能完全一致,必然存在个体的特殊性。体育教学技能的情境训练模式是一种高度自主的活动,不同的人有不同的体验和组构。练习者能够设计适合自身发展的方案,并能进行计划、选择、修正,在训练中的自主性参与是其提升思维水平和实践能力的根本性动力。

(3)社会性

情境训练模式是在一定的情境下,借助其他人即通过人际协作活动而实现的意义建构过程,所以,社会环境、社会共同体对于主体的认识活动有重要作用,学习者的训练活动是在一定的社会环境中实现的。

(4)建构性

如果说程序训练模式落脚点在结果,那么情境训练模式的侧重点就是意义和过程,主张在训练过程中学习"如何训练"。情境训练模式是个体运用自己的经验去积极地建构对自己富有意义的理解,而不是去理解那些用已经组织好的形式传递给他们的体育教学技能内容,也就是说提高某项体育教学技能并不是最终目的,提升个体的体育教学思维、组构和理解能力才是终极理想。

（二）情境训练换式结构

1. 结构要素

知识是学习者在一定的环境即社会文化背景下，借助其他人（包括教师和学习伙伴），利用必要的学习资料，通过意义建构的方式而获得的。建构主义学习理论认为"情境""协作""会话"和"意义建构"是学习环境中的四大要素或四大属性。所谓意义建构的核心内容是信息不连续性、人的主体性以及情境对信息渠道和信息内容选择的影响。因此，体育教学技能体验训练模式的结构要素包括体育教学技能训练情境、合作伙伴、同伴之间的交流、意义建构和评价标准。

2. 过程

（1）创设训练情境

依据训练目标内容和要求创设情境，深挖提炼体育教学技能内容之间的内在联系和训练规律，以引导个体从具有典型代表性的器材、对话或人物等情境中，受到启发，使其能尽快、自然地掌握体育教学技能。创设情境的手段是多样的，主要有以语言描绘情境、以微格训练再现情境、以模拟课堂展现情境等。

（2）确定合作伙伴

在选择合作伙伴进行体验训练时，有同质型和异质型两种组合方式，针对不同的训练目标、内容，可选择与自己知识和技能基础相同的同伴，也可选择与自己脾气性格、技能水平有较大差异的同伴。同质型可相互比较、促进，异质型可风格互补、互助提高。

（3）鼓励同伴之间的交流

合作伙伴之间的鼓励、协作、互动、切磋和随时随地的反馈，对于认知能力的提升意义极大，可通过同伴之间发表感想、讨论、总结、分享等方式，交流训练的心得，加深对情境训练模式的理解，培养练习者表达、沟通、反思和批判的能力。

（4）意义建构

意义建构主要是指信息的意义建构，是内部行为和外部行为共同作用的结果，要深刻理解训练内容的内涵。在练习体育教学技能的高级阶段，主要采用合作学习法、情境学习法、发现学习法和角色扮演等方法，通过教案设计、模拟上课、集体备课等途径，以积极主动建构体育教学技能应用的情境为前提，对整体的体育教学技能应用形成宏观的把握。例如，练者作为研究者，以一课两讲或一课三讲的形式，建构同一内容的不同教学方式，有助于对体育教学技能的深刻理解和能力的提升。

（5）研定评价标准

通过对注意、组织、决策和思维等能力的评价，增强个体对情境训练模式的深入认识。情境训练模式的评价以形成性评价、定性评价、自我评价等为主，鼓励学者深入思考，尽可能撰写研究报告、论文、经验总结或参与编著校本课程教材等。

（三）环境训练模式要求

1. 创设情境，模拟真实

提倡建构训练模式，营造具体和真实的训练情境，并反对抽象和概括，尽可能贴近体育教学现实情况，使练习者在情境中感受体育教师形象的同时，愿意对情境持续地产生注意，从而产生或满意、或愉悦、或悲伤、或热爱的情感体验。多方面的情感体验不应都是积极的，适当消极的体验有利于练习者在面对真实的体育教学实践时，做好充足的心理准备，可以从容面对、坚韧不屈。

2. 方法混搭，反思改进

在运用情境训练模式的同时，要注重多种训练方式、方法的结合使用，以达到更好的训练效果。教育情境的不确定性、非线性和混沌性，决定了教学没有固定的模式和技能技巧可以套用，因此，体育教学技能训练也必须凭借自己对教学技术的理解和领悟，做出自主判断，选择适当的训练方法，不断地对训练过程进行反思、自我调整、改进训练细节。

3. 基础扎实，体验创新

体育教学技能情境训练模式的应用，要求具备良好的基础知识和基本的体育教学技能，在所创设的情境中应用自如，全情投入体验情境，把训练的重心放在提升心智方面，体验学习、挑战、交流和创造的乐趣。在应用情境训练模式进行体育教学技能训练时，重点是体验学习和思维的过程，练习者可以模仿体育教学实践，但更重要的是理解贯穿整个教学过程的原则和方法，筛选适合创设情境的内容，切勿为了应用模式而进行无效或低效的体验。

4. 合作完成，群体相容

体育教学活动由于其特殊性，许多练习需要通过师生、生生协作与配合才能完成，因此社会能力的培养渗透在体育活动的方方面面。在进行体育教学技能训练时，必须重视同伴之间的协作和竞争对手之间的尊重，感悟群体动力的重要性，使学习者在掌握技能的同时，建立融洽的人际交往关系，相容于群体之中，为今后从事体育教学奠定良好的社会适应能力基础。

四、展演训练模式

展演训练模式以人本主义学习理论为基础，它的顺利开展建立在对体育教学技术的深入理解及较熟练掌握的基础之上。纯熟的心智技能和操作技能是一个数据库，在教学过程中选择"用什么"和"怎么用"取决于练习者的观念风格和临场发挥。只要遵循体育教学的基本规律和原则，体育教学技能可根据实践中教学要求、情境、学生的差异而灵活运用、组合、搭配，切勿被生搬硬套的教学行为习惯所束缚。

（一）展演训练模式的含义与特征

1. 展演训练模式的含义

体育教学技能的展演训练模式是以提升体育教学技能水平为目的，以完整展示技能训练成果或完成某项教学任务为基本方式的训练过程范式。展演训练模式不仅关注教学技能和认知能力方面的提高，还有个体情感、意志、创新能力等方面的自我肯定和实现，使练习者养成较强的感受性，便于感知自身和教学对象的情绪，有助于在未来的体育教学实践中与合作伙伴、教学对象和谐相处，调整情绪和教学方式、方法，及时有效地应对和处理突发事件，注重提升体育教学技能运用到实际教学情境下的能力，并形成独特的教学风格。

2. 展演训练模式的特征

（1）灵活性

教学过程具有复杂性和变化性，即便是在规定了教学目标和方法的前提下，也会因为环境、对象、组织能力等条件的变化，产生千差万别的情况和效果。因此，展演训练模式就是训练学习者将自己的体育教学技能完整、全面地展现出来，灵活运用技能手段，合理地处理突发事件，临危不乱。

（2）主观性

主观性是鼓励从自我的角度出发，感知体育教学的魅力，对体育教学技能训练的原则、规律等基本原理的个性领悟。自我实现和为达到目的而进行创造的能力才是个体行为的决定因素，个人所处的物质、社会和文化环境只能促进或阻碍他们潜能的实现。

（3）独特性

个体对知觉方式的调节、学习能力的获得、持续学习等均存在差异，因此，展演的方式和效果不尽相同，不同的展示个体存在不同的表现。展演训练模式可以促使个体在进行技能训练活动时，深入理解训练内容，客观地审视自己，对完善练习者的价值取向与教学风格具有十分重要的意义。

（4）创造性

展演训练模式通过对规则和假设的不断创造，解释观察到的现象；而当教学技能的原有观念与新的观察之间出现不一致，原有观念失去平衡时，便产生了创造新的规则和假设的需要。展演训练模式通过对教学要素的个性解读，创造性地设计和实施教学活动，是一种创新性的理解和行动过程。

（二）展演训练模式的结构

1. 结构要素

人本主义学习理论中的关键环节是意义学习，即如何为学习者创造一个良好的环境，使其从自己的角度感知世界，发展出对世界的理解，达到自我实现的最高境界。展演训练模式就是意义学习的最好诠释，不仅仅涉及事实积累的学习，而且是使个体的行为、态度、个性得到充分施展的意义训练过程。因此，体育教学技能展演的训练模式包括四个要素：展演内容、展演方案、意义训练、评价标准。

2. 过程

（1）设计展演方案

根据展演内容，在尊重、了解与理解训练个体的前提下，激发练习者的训练积极性，充分发挥个体选择性、创造性，表现练习者对展演内容的构想和预计，将体育教学技能合理搭配、自由组合，体现展演训练模式不拘一格的特点，从而促进其成长、学习与训练。

（2）确定训练方法

展演训练模式多适用于体育教学技能训练的终极阶段，可以采用分层练习法、差别练习法、成功练习法等进行体育教学技能的训练；也可采用行动研究、教学评比等实战演练，通过教案设计、说课、示范课评比、微课教学等途径，完整展示技能训练成果。

（3）意义训练

在前期已形成的体育教学技能基础上，融合个体对训练内容的解读，灵活自如地呈现出展演内容，展示体育教学技能的娴熟程度，从而继续拓展知识和技术，形成新的或更纯熟的体育教学技能。

（4）自我实现

在展演训练过程中体会到的是自我满足的价值感，如成功掌握教学技能的满足感、未来可以教书育人的认同感、个性得以彰显的存在感。展演训练模式不但注重挖掘个体的创造潜能，更关注人的高级心理活动，如热情、信念、生命、尊严等，引导其结合认知和经验，肯定自我，进而自我实现，形成自己独特的教学风格。

（5）评价反馈

练习者最清楚训练是否满足自己的需要、是否有助于明确自己原来不甚清楚的某些方面，因此发展性评价、个体内差异评价、自我评价等方式，是展演训练模式的主要评价方法。并能通过评价形成正确的自我认识与反思以及敏锐的观察和感受能力，有助于个人教学技能的提升和风格的塑造。

（三）展演训练模式要求

1. 彰显个性，全面发展

教学风格的形成一般要经历从模仿到独立再到创新、稳定的过程。练习者能在训练过程中感受到体育教学的乐趣、成功、满足，激起其认知与情感的相互作用，重视创造能力、认知、动机、情感等心理方面对行为的制约和促进作用，从而全身心地投入训练，逐渐形成自己的风格，并注重其行为、态度、人格等的全面发展。教授者不仅要关注体育教学技能的形成，更重视个体的内心世界，重视训练过程中学习者的认知、兴趣、动机、需要、经验、个别差异以及潜在智能等内部心理世界的全面发展。

2. 自我提升，协同促进

展演训练模式注重自我评价反馈，重视自我的修炼与肯定。展示自我固然是提升自身能力品味的关键途径，但不能忽视社会、文化、学校、教师和家庭教育的协同作用。现实中的学校总是在与社会文化环境的互动中，改变着个体的教育目标、方针与办学模式，对练习者施加种种影响，指导教师和合作伙伴作为促进者、协作者，对个体成长为一个既具有社会组织特性，又具有独特个性的人意义重大。

3. 气氛宽松，张弛有度

提倡在宽松、自由的训练氛围中，给练习者提供充足的空间,体现自由展示的精神，使其充分发挥所长。但是必须遵循角色规范，遵守必要的规章制度，既自由又受纪律制约，适应当前的训练与未来的生活。展演训练模式有利于练习者潜能的开发，但又不应该一味迁就其原有的水平和独特性。

4. 完整展示，积极反思

展演训练模式要求练习者完整展现训练过程和结果，使教学的某项技能或综合技能得到充分发挥；反思是对训练行为的总结与纠错，通过对展演过程的深刻审视，使练习者再次回顾和思考技能训练的认知、行动、感悟的经过，从而整改和完善训练计划，提升训练效率，提高自我监管、解决问题的能力。

第七章 体育说课、讲课、模拟教学技能及训练

体育技能（测评技能）包含说课技能、讲课技能、模拟教学技能、搜集和处理信息的技能及教学执教技能等，是体育课堂教学技能中至关重要的组成部分。

第一节 说课技能及训练

说课，作为一种教学、教研改革的手段，最早是由河南省新乡市红旗区教研室于1987年推出的。这项活动操作性强，实效明显，得到了广大教研工作者、中小学教师的普遍认可，进来其进一步充实、完善，形成了具有鲜明的中国特色的教研活动。

一、说课的概念与体育课教学的特点

（一）说课的概念

说课既是一种具有创新意义的教学研究活动，又是教师职业技能训练的主要内容。

说课就是指讲课教师运用系统论的观点和方法，在规定的时间内，用语言及其他辅助手段向人们介绍一堂课的设计意图和预想程序的一种教学活动形式。教师在完成教案的基础上，阐述自己的教学设计方案及理论依据，系统而概括地解说自己对具体课程的理解，阐述自己的教学观点，表述自己具体执教某课题的教学设想、策略，以及组织教学的理论依据等。然后由专家评委、学者、领导进行评价，推断该教学设计方案是否切实可行、能否达到预期效果的一种教学研究活动。

说课是在备课之后、上课之前进行的一种新的教学组织环节。说课源于备课，而又高于备课，它是上课前的实践演习；它不是上课，又是准课堂教学。说课的时间一般在10分钟左右，在课前或课后进行均可。

（二）体育课教学的特点

体育课教学是以身体练习为主要形式的实践型教学形式，不论是教师还是学生本

身都认为实践课练习的重要性远远大于理论讲授课，从而忽略了教学设计在体育课教学中的重要作用。而教师在教学备课中，常常对教什么、怎样教给予更多的关注，很少考虑为什么教这些、为什么这样教、这样教的结果如何等。这样就会造成体育教师对大纲理解不深刻，对教材分析不完善，对教法、学法运用不灵活，对教学程序设计不严密，对重点、难点定位不准确等。

我国各学校根据学生需求、场地条件、师资结构等实际情况实施了适合本学校的课程。学校自主制订教学大纲、教学计划及课时安排，各主管教委制订相应的教学检查系统。这种教学的形式给予体育教师很大的自由创造空间，有利于教师根据自身的优势开发新的教学方式与方法。

二、说课对体育课的积极作用

说课活动的好处很多，从不同的角度看，有不同的答案。根据实践和理解，说课活动有以下几个方面的意义。

（一）有利于提高教研活动的实效

以往的教研活动一般都停留在观摩几节实践教学课，再由相关的专家、教授或同行评评课上，上课的教师处在一种完全被动的位置。教师只能将备课的结果运用于实际操作中，听课的教师也不一定能完全理解授课教师的意图，如果运动项目不同，评课教师就更是无从下手，导致教研实效低下。通过说课，授课教师说说自己教学的意图，说说自己处理教材的方法和目的，听课教师能明白任课教师应该怎样教、为什么要这样教，从而使教研的主题更明确，重点更突出，提高教研活动的实效。另外，还可以通过对体育教师进行说课形式的考核，统一思想认识，探讨教学方法，完善考核制度从而提高教学效率。

（二）有利于提高教师备课的质量

通过调查了解了很多教师的教案，从总体上看教师的备课都是很认真的。但是教师都只是简单地准备怎样教，很少有人会去想为什么要这样教，备课缺乏理论依据，导致了备课质量不高。要说好课，首先要说教什么和如何教的问题，体育教师必须认真学习教学大纲，钻研教材，弄清教材的前后联系，以及教材内容在整体教材中的地位，并阅读有关教学资料，以便加深理解大纲教材，这样才能准确制定教学目标。教学目标的确立有助于教师明确学生学什么和教师事后检验学生学得怎么样，有助于教师明确学生怎么学、教师怎么教的问题。在说课的准备过程中，往往会把备课中的隐性思维通过说课转化为显性思维，不断否定备课中出现的缺点和失误，从而相应地调节自己的想法，使有关的观点经过提炼而清晰起来，不断加以完善。说课活动可以引导教师去思考，从根本上提高教师备课的质量。

（三）有利于提高课堂教学的效率

教师通过说课，可以进一步明确教学的重点、难点，理清教学的思路。说课过程中对教学任务的分析，是对学生的起点能力转化为终点能力所需要的从属知识、技能、情感和态度进行详细阐释的过程，这就为确定教学内容的范围、深度和重点、难点、关键点打下基础，这与教什么、学什么相关。另外，说课要揭示教学内容中各项知识、技能之间的相互联系，为教学顺序的安排打下基础。这样就可以克服教学中重点不突出、训练不到位等问题，提高课堂教学的效率。

（四）有利于提高教师的自身素质

1.说课要求教师具备一定的理论素养

这就促使教师不断地去学习教育教学的理论，提高自己的理论水平。说课要求体育教师用语言表达自己的教学思路及设想，通过语言向同行或专家介绍自己将如何上一节体育课，这种机会给青年体育教师提供了在有人监督和评论中用口语表达自己如何上实践课的机会，促使青年体育教师多读书，钻研教材，理清思路，准确术语，勤学苦练，其语言表达能力必然会在短时间内有较大幅度的提高。

2.坚持说课能帮助青年体育教师提高教学设计能力

课堂教学是一个复杂多变的系统，要全面反映教学需要罗列相当多的因素。同时，教学又是一个准备、实施、目标达成的完整过程。因此，说课要从三个方面展现。

（1）准备。准备即为教学准备阶段而进行的教学背景分析，由教学需要、教学内容、教学环境和教学策略构成。

（2）实施。其由教学过程中的各主要环节、教学媒体和教学方法手段构成，主要解释怎么做，为什么这么做。

（3）目标达成。目标达成即对教学目标的达成而进行的教学预测或反思，也就是对本课教学设计所引起的教学效果的预测或评价，以及对自己教学设计的评价与反思。

若课前说课，对其教学设计实施以后可能会出现的结果进行预测；课后说课，则对其教学设计实施以后的教学结果与预期目标做一番比较，从中总结经验教训，并对原有设计提出改进，以提高教学设计能力。

三、体育课说课的基本内容

新课标下的说课必须充分体现课改的基本精神。说课的基本内容和要求主要包括如下几个方面。

（1）说背景环境。了解学生身心状态基本情况和教学需要解决的问题。

（2）说教材。教材分析一般包括以下内容：教材与课型、教材的类别和地位、教材的特点和作用（知识结构、教材的实践价值、教材的人文价值、地位和作用等）学生特点（学情分析）、教学的必要性、教材的内容和结构、重点和难点、结构处理等。

（3）说目标。结合本节课的具体内容，提出通过教学在运动参与领域目标、运动技能领域目标、身体健康领域目标、心理健康领域目标、社会适应领域目标的基本要求和需要达到的要求。

（4）说重点。教学重点是课堂教学中要使学生学会和掌握的最主要和最重要的知识、技能或方法等内容。说课时，先说出教学重点是什么，再说明你为什么把此内容确定为本课的教学重点。

（5）说难点。教学难点是一堂课中学生可能最难理解，最难把握，最难学会的知识、技能、方法等内容。同样在说教学难点时，最好说明为什么把此内容确定为本课的教学难点。

（6）说教法。探究教学方法是实现目标的有效途径。教师要根据本节课的教学目标和教学内容，设置若干能启发学生思维的问题，以问题为载体，培养学生的科学探究能力。教学方法很多，在说课中不必面面俱到，要进行概括或选择重点的、有价值的说。

（7）说流程。说教学程序是指教师说明并应用设计的基本理念，阐述自己的教学思路、课堂结构等内容的过程，是与上课最接近的教学操作的口语化、现实化的尝试。

（8）说组织。组织教学也称为组织措施，体育（与健康）课的组织教学是指顺利进行课堂教学的保证措施与手段。其主要指体育（与健康）课的常规要求、场地布置、器材运用、队形及队伍调动及确保教学的组织形式。一般实践课说课时应加以适当说明。

（9）说手段。体育（与健康）课教学手段主要指教学过程中采用的传递信息及锻炼身体的媒体或设备。它包括教学和身体锻炼所需要的各种媒介物。例如，体育场地器材、电化教学设施以及检测评估的各种仪器、图表等，就是通常我们称的教学媒体（或教学媒介）。

（10）说场地器材。计划本课所需的场地器材和用具安排时要注意，场地的运用要相对集中，并尽可能充分利用学校的器材条件。考虑成熟后，应在场地器材一栏内填上本课所需的场地器材和用具的名称、数量、规格，以便课前准备。

（11）说课后作业。课后作业包括课后练习等。

（12）说教学评价。这里所说的是教学过程中的结果性评价，即采用什么方式对本课教学效果进行评价。教学评价也可作为教学方法来说，但那是过程性评价，是为了激励学生学习行为，强化学生对所学知识技能的掌握和理解，从而达到促进教学过程的目的。

（13）说课后反思

课后反思主要包括：反思自己的教学行为；反思自己的教育理念；反思自己的角色及与他人的关系；反思自己的思考与学习方式。

教师只有对自己的教学实践不断地进行研究和反思，才能逐渐提高实施新课程的教学策略。要反思成功做法、失败之处、教学灵感、学生问题、学生见解、教学设计等。在课后反思的基础上认真写出"教学后记"，写教学后记是提高教学水平的重要途径。

四、体育课说课的技巧

（一）把握好整体与局部的关系

体育教师往往对前者并不感到为难，而对后者却又不知从何说起。特别是在较短时间内，说课者要把自己想表达的说完，这就涉及先说什么、后说什么，哪些该详说、哪些该略说的最优化问题。

1. 应从整体的高度来理清要说的最基本内容

一般情况下要做到"四说"，说教材、说教法、说学法、说教学设计。说教材，主要是说出本节课的教学目标、重点、难点和关键及其教材的前后联系；说教法，主要是说出本节课选用的教学方法和手段及其理论依据；说学法主要是说出本节课教给学生什么样的学习方法，培养哪些能力，如何调动优生积极性和差生学习兴趣；说教学程序设计主要是说出本节课的教学思路、课堂结构、运动负荷、场地器材的安排，设计的理论依据以及教材、教法、学生之间的关系。

2. 要善于抓住重点

切忌面面俱到，应从局部的环节中突出理论依据，做到详略得当。只有从整体把握、局部突破，才能做到思路清，说课清。

3. 重点说清"为什么要这样教"

在体育说课的过程中，许多的体育教师很喜欢将本节课的课堂特色向听说课者反复强调，这一点很忌讳。"课堂特色"不应该是你向听说课者或者评委介绍，你所要介绍的是你是怎么设计这节课的教学的，以及为什么这样设计。至于"课堂特色"是听说课者或者评委根据你的介绍，由他们自己去理解的东西，你说出来往往效果会适得其反，因为你对他们的理解水平表示了怀疑，也就是对他们的不尊重。

（二）把握好内容与层次的关系

体育教学有别于其他学科教学，必须遵循其自身的规律，才能有效地完成体育教学的任务。体育课的说课要想达到高层次，必须紧密结合学科特点，在说课内容和层次上着力做文章。在说课内容确定后，要严防表述的"表浅"，必须说出内容的深度，理清说课的层次。譬如，针对不同年龄阶段、不同的学生群体，应该说出学生的认知特点、身心发展规律对于运动技能的掌握，应该说出动作技能形成发展的规律；对于课堂结构及运动量的安排，应该说出运动过程中人体机能变化发展规律动作技术的分析，应该说出人体解剖、生理特点及力学原理。总之，内容挖掘得越深，说课的层次就越高，评价也就越好。另外，说课教师对所说课的内容应做详略取舍，切不可平均使用力量、面面俱到。尤其是在如何突破动作难点上，你所运用的手段、方法一定要"详"讲，必要时还可以将肢体语言和口头表达结合起来，用丰富的表情、各异的神态、准确的动作、精练的语言去吸引评委和同事。

（三）把握好方法和媒体的关系

体育教学方法是实现体育教学任务或目标的方式、途径、手段的总称，它起着桥梁和中介作用。它解决教师怎样教、学生怎样学的问题。媒体是现代教育系统中的四要素之一，它与教师、学生、教材之间相互作用的结果就是教学模式的充分体现。构建新型教学模式的关键是现代教育技术的运用，而现代教育技术的核心则是多媒体技术。体育教师在说课过程中，要善于灵活采用多种多样的方法和媒体，尤其是注重运用多媒体技术来表述自己所要说的内容。这样，既可以提高说课的质量和效率，也可以将课说活。

在把握方法与媒体的关系时，尤其要强调体育教师也应该有一种高瞻远瞩的视角和高度的使命感，应该把握住科技时代变化的走向，要能及时地感知到新时代学生应该以一种什么样的方式来学习和思维，并及时地给予学生学习方法的指导。

（四）把握好实践与反思的关系

因为说课与授课不同，它不仅要讲教什么、怎么教，还要说清为什么这样教。所以所述内容一定要符合教育学、心理学的一般规律。符合学生认知规律和学科特点，要从理论到实践做出系统的设计和安排，对教法、学法、程序等理论依据要准确，不能空，不能虚。在说课时，应将这两者紧密地联系起来，既要讲明怎么做，也要讲明这样做的理论依据是什么，这样才显得有根有据、相得益彰。

说课就是要引导教师经常思考怎样教、为什么这样教、这样教意味着什么、反映了什么样的教育价值观和教育观念、依据了什么样的教育规律和教育理论，这些思想的社会、文化背景是什么等问题。其目的就在于通过说课这种程序和手段让教师对自己的"缄默知识"进行理性的审视和反思，剔除其中的消极因素，对有价值的成分进行整合，从而使自己的教育观念更巩固和坚定，使自己的教学实践更有的放矢，更符合教育的客观规律。

反思是积极的、自觉的、能动的、有理性的教学实践，更重要的是反思的结晶使教师不断产生新的理解力和新的构思，它对教师的教学行为有着极强的内在动力性，比较合理地发挥着教师的能动性和创造性。说好一堂体育课，固然要关注说课的实践，但更应关注实践背后的反思。反思深刻，评说者的感受就深，反思深，构思才新。

（五）把握好说课和实际上课的关系

语言简练，朴实无华。说课关键是要说清教什么、怎么教和为什么教的问题。因此在说课中不必用华丽的词汇，而应当用准确、简练的文字来表达，否则，语言花哨、词不达意，听者不知所云，那后果就可想而知。

扬长避短，体现个性。教师在说课时要充分利用和发挥自身特点和优势，扬长避短。在说课过程中，形成再创造、再提高、再完善，这就要求教师对所述材料要有所取舍、有所处理，要储备一定的知识，对所述问题要开掘深、有独特的见解，将自己的个性融入其中，才会收到意想不到的效果。

预估事故，强调安全。体育课和其他学科课程不同，它是人和场地、器材有机地配合活动，再加上一些运动项目本身具有一定的危险性，而现在的学生身体素质又远不如以前，所以，一定要预估可能会出现的一些伤害事故，并要提出解决问题的方案。

第二节　讲课技能及训练

一、讲课和说课的区别与联系

（一）讲课和说课的区别

1. 对象不同

说课的对象是专家评委；讲课的对象则是中学生。

2. 目的不同

说课的目的是分析该教学方案是否切实可行，能否达到预期效果，而讲课的目的则是完成教学任务。

3. 主线不同

说课的主线是整合三维目标的教学设计思想，即教什么、如何教、为什么要这样教。"为什么要这样教"是说课中的重点和难点；讲课的主线则是完成三维目标的教学程度，即创设教学情境，引导学生发现问题、提出问题、分析问题和解决问题。在分析问题的过程中深化概念，在解决问题的过程中掌握科学方法。

4. 性质不同

说课是一种教学研究活动；讲课是一种教学活动。

（二）讲课和说课的联系

说课与讲课的相同之处：最终目的都是确定实现教学目标所采取的教学策略与教学途径。

二、板书技能

提到教师，大家就会联想到黑板粉笔，那是因为黑板粉笔就代表了教师的一项从教技能——板书技能。传统的板书是指教师运用黑板书写文字符号、图形和图表等传递教学信息，以达到辅助课堂教学的一种教学行为方式。板书又分为正、副板书。正板书通常写在黑板中央或左半部，为教学内容的高度概括；副板书一般写在黑板两侧或主要右侧，是正板书的补充或辅助正板书讲解的一些内容。因此，正板书须课前精心设计，而副板书可根据实际情况在课堂上临时发挥。所以一般板书技能中的板书是指正板书。

随着大批年轻教师走向讲台,现代教学媒体越来越多地介入课堂教学,有的教师在课堂上很少在黑板上书写板书,甚至一节课一个字也没写,而是事先将板书内容制成幻灯片,上课时直接投影出来。

三、演示技能

人的认识规律是从生动的直接感觉到抽象的思维,再从抽象的思维到思维的实践,最后形成理性认知。演示就是符合这一规律,出现较早的辅助教学的一种方法。演示技能是教师在课堂教学中进行示范操作或运用实验、实物、模型、图片、图表以及电化教学等直观教学手段,为学生提供感性材料,充分调动学生的感官,形成表象和联系,指导他们观察、思维和练习的一类教学行为。其核心就是根据教学内容为学生提供恰当的直观感性材料,并借助它引导学生进行知识学习。

四、讲解技能

教师上课也称为讲课,是因为讲解技能可以普遍应用于每一堂课,而且具有高效率的特点。它可以针对任何知识和技能的传授来开展,如可用于描述现象、讲解结构、说明原理、解释原因,也可用于引导思维、剖析疑难、概括方法、总结规律等。到底什么是讲解技能呢?讲解技能是指教师运用语言辅以各种教学媒体,引导学生理解教学内容并进行分析、综合、抽象、概括,进而达到向学生传授知识和方法、启发思维、表达思想感情的一类教学行为。

(一)讲解技能的类型

讲解技能的类型一般可分为解释式、描述式、原理中心式和问题中心式四种。

1. 解释式讲解

解释式讲解属于讲解的初级类型,一般适用于具体的、事实的、陈述性知识的教学。如各课程中涉及的概念的定义、意思的解释、题目的分析、解答问题的一般步骤等。

2. 描述式讲解

描述式讲解也属于讲解的初级类型,包括叙述和描述一般适用于内容陈述、细节描述、形象分析、材料显示等的教学。

3. 原理中心式讲解

原理中心式讲解是高级讲解类型之一,是以概念、规律、原理、理论为中心内容的讲解。在具体实施时经常使用叙述加议论的表达方式进行,在讲解中交替应用分析、比较、归纳、演绎、抽象、概括、综合等逻辑思维方法，强调论证和推理过程（也是最关键环节）。这种讲解方式普遍应用于各门学科的基础知识中。

4.问题中心式讲解

问题中心式讲解也属于高级类型的讲解，它是以解答问题为中心的讲解，这种讲解方式对于新理念提出的学生主体、教师主导更有意义。问题的提出，可以引导学生向某一指定方向学习，实现教师主导，而提出的问题会激发学生学习兴趣，让学生主动思考，实现学生学习的主体地位。这种讲解方式实施时比较复杂，涉及引出问题—明确要求—选择方法—解决问题—得出结果等多个环节，因此主要适用于重点、难点和认知策略的教学。

（二）讲解技能的要素

讲解是一项综合技能，以使用语言为主，还包含和渗透着提问、演示、导入、组织等多项技能，就其本质而言，无论何种类型的讲解，都有以下几种基本的构成要素：

1.形成讲解框架

教师讲解是要将教材的知识结构按照学生的认知规律清晰地展现出来，给学生留下深刻的印象。为了达到这个目的，讲解过程、结构就要合理，条理清楚，逻辑严密，结构完整，层次分明。比如在以问题为中心的讲解时，可提出系列化的关键问题使条理清晰。对讲解内容的不同部分要注意转换，即讲解时要讲清各部分内容之间的联系，利于不同内容之间转换的衔接；而在讲解时要紧密结合学生认知水平进行分析和综合，这些对于明确讲解的结构框架有重要作用。当然在整个讲解过程中，讲解框架可以简单地通过结构化板书来直观呈现。

2.突出重点

突出重点是讲好课的关键。教师在讲课时，要处理好重点和一般的关系，将学生的注意力放在重要和基本的信息上，集中时间和精力于重点问题的解决，对这些内容尤其要让学生理解和掌握。

3.突破难点

教学难点是指学生不易理解与掌握的知识和技能。这可能是由于内容抽象、学生缺乏基础、问题复杂等原因导致的。难点问题不解决，将给学生以后的学习带来困难。因此，教师在教学时，除了突出重点之外，还要根据难点产生的原因，想办法解决学生学习的难点，如采用直观教学手段、系列化问题解析等方式予以解决。

4.语言表达

教师的讲解主要是以语言为工具进行的，讲解技能更是体现了这一点。因此讲解时恰当的语速、清晰的语音、抑扬顿挫的语调，以及形象生动的描述语言和准确规范的语言等对讲解的成功都非常重要。这是因为好的语言表达不仅可以准确形象地说明要讲授的知识，还能使学生不易产生听觉疲劳，从而取得讲解的良好教学效果。

5. 使用例证

例证是学生进行学习迁移的重要手段。例证能将事实或学生的经验与新知识、新概念联系起来。当然这需要考虑例证的充分、具体和贴切性。例证有正反之说，在举了正面的例子以后，有时再使用一个相反的例子，可进一步和更全面地让学生理解要说明的问题。

6. 反馈与调整

教学的本质是通过师生的相互作用使学生得到发展。因此教师在讲解时还需注意学生的反应，如学生听课的表情状态、回答问题的情况、学生的动作等。教师根据学生的反应随时调节自己的教学行为，从而达到较好的教学效果。

五、提问技能

教学过程中提出问题、用问题激发学生的求知欲望和学习兴趣，从而在问题解决过程中促进学生的思维发展。

（一）问题设计

设计一个好的问题，需要做到以下几点：（1）研究教材，明确目标；（2）理解原则，掌握标准；（3）优化思路，编好程序。

（二）提问的技巧

（1）正确处理反馈信息。
（2）学会启发和诱导。
（3）掌握提问的技巧。

六、反馈和强化技能

反馈强化是课堂教学中教师通过课堂中反馈的信息以自己特有的应变力来处理课堂中出现的各种问题，运用各种教学方法来强化课堂教学内容。

（一）反馈和强化技能的内涵

反馈技能是指在课堂教学中，教师传出教学信息后，有意识地从学生那里取得对有关信息的反应，并据此调整教学活动的行为方式。

强化技能是指增强对知识的反应程度，帮助学生把某一行为的变化朝着更好的方向发展的行为方式。

（二）信息反馈技能的特点

1. 双向性

双向性是指既包含教师对学生的信息传递，也包含学生对教师所授知识的反馈。两个过程相互交融，相互影响、同时发生、反向进行。

2. 及时性

多数情况下教学过程中的双向信息反馈需要快速及时地进行，这样做教师可以及时依据反馈的信息调控课程难度和进度，学生可以及时调整学习思维和方法。

3. 全面性

教学过程中涉及的各个环节、各个要素、各个阶段，每个同学对之的信息反馈会源源不断地涌现出来，只有通过敏锐观察，全面把握，才可以顺利进行授课。

（三）信息反馈的两种主要方式

1. 直接反馈

直接反馈是指教师从学生方面及时得到的反馈信息。如观察学生记录笔记的神态，还有回答教师提问、自我阅读和讨论发言的表现等。这种反馈信息的方式是最基本、最常见也是最为可靠的。

2. 间接反馈

间接反馈可以是教师在教学中的自我反馈，也可以是从领导的检查、同事的评课以及学生的课间闲聊中获得。

七、结束技能

精彩成功的课堂教学结束是教学科学性的体现。成功的课堂教学结束，不仅可以对教学内容或教学活动起到系统概括、画龙点睛和提炼升华的作用，而且能拓宽延伸教学内容，激发学生旺盛的求知欲望和浓厚的学习兴趣，对直接提高课堂教学效率，影响日后的学习效率起到重要的作用。

（一）结束技能的内涵

结束技能是教师完成一项教学任务时，通过重复强调、概括、总结、实践活动等，对所教的知识或技能进行及时的系统化、巩固和应用，使新知识稳固地纳入学生的认知结构中去的一种重要的教学行为。

结束技能常用于一节课的结尾。但是，课堂教学中任何相对独立的教学阶段都需要应用它，小到讲授某个概念、某个新问题的完结，大到一个单元或一项教学任务的终了。

（二）结束技能的常见形式及运用

1. 自然结尾法

正所谓"瓜熟蒂落、水到渠成"，教师所讲一堂课的最后一个问题的最后一句话说完，下课的铃声正好响起，这便是自然式结课。这种结课方式要求教师精于设计课堂教学的内容和结构，准确把握课堂教学的进程和时间，才能有效地达到预期的结果。

2. 悬念留疑法

以悬念留疑法结课，即结课时留下疑问，诱发学生的求知欲，造成"欲知后事如何，且听下回分解"的悬念效应，好的悬念设置能诱发学生的求知兴趣，能激发学生思维想象的浪花，能使学生产生急于知道下文的迫切心理。为此，教师要认真研究、仔细分析，设计好富有启发性的问题，造成悬念，激发学生的求知欲望。

3. 知识延伸法

一堂有品位的好课，不只是学生学习的结束，而是把结束作为一种新的开始，即把结课作为引导学生联系课堂内外的桥梁，让他们把学到的知识能力在课外得到延伸、扩张、充实，真正培养学生的运用能力。

4. 归纳法

归纳法是教学中常用的结课方法，是在课堂将要结束时，教师、学生或师生共同用准确简洁的语言，提纲挈领地把整个课的重点内容、难点、知识结构、基本原理、基本技能等进行梳理和概括，从而结束课堂教学的一种方式。运用归纳式结课，可以给学生以系统、完整的印象，促使学生加深对所学知识的理解和记忆，培养其综合概括能力。语言应当简洁、概括、严谨，有启发性、创新性。

为了帮助学生理清所学知识的层次结构，掌握其外在的形式和内在联系形成知识系列及一定的结构框架，在课堂结尾时利用简洁准确的语言、文字表格或图示将一堂课或包括前几堂课所学的主要内容、知识结构进行总结归纳。这种小结繁简得当，目的明确，且有一定实际意义，而绝不是依教学的时间顺序，简单地读一遍板书各级标题就能完成的，它应能准确地抓住每一个知识点的外在实质和内在的完整，从而有助于学生掌握知识的重点和知识的系统性。这种方式的结尾一般用于新知识密度大的课型或某一单元教学的最后一次新授课。

第三节 模拟教学技能及训练

模拟教学是一种虚拟实践的现代教学方式。其中的"情景"是指情形、景象，即事物呈现出来的样子、状况；"模拟"指照着某种现成的样子学着做，即通过对事件或事物发展与发展环境、过程的模拟或虚拟再现，让学生身临其境，在所设情景中发现问题、解决问题，理解教学内容，进而在短时间内提高能力的教学方式。

一、模拟教学的作用

在体育教学中，应用模拟教学能够直观地展示教学内容，便于学生理解，还能发挥学生的主体性作用，提高学习兴趣，收到事半功倍的效果，对提高教学质量具有十分重要的意义。

（一）利于提高学生的形象思维能力

模拟教学所选择的环境、过程，比较接近事件或事物发生与发展的真实情景，有利于提高学生的形象思维能力。

（二）利于学生加深对特定角色的体会

模拟教学为学生提供一个特定的情节，并使学生与模拟情景高度融合。学生在模拟中通过对特定情节或细节的演绎，加深对某些角色地位、作用、处境、工作要领等的体会。模拟教学中的情节或细节应该是有特点、能超越情节或细节的局限性，且能表现出事物整体性的情节或细节。

（三）利于增强学生对实际问题的预测与处理能力

模拟教学让学生通过模拟事件发生、发展的每个环节，不仅可以引导学生模拟事件或事物的发展演变规律，而且可帮助学生发现潜能，找出不足，从而增强对实际问题的预测与处理能力。

二、模拟教学的特点

（一）直观性

模拟教学形象直观，环境与过程逼真，可有效解决某些理论原理难以形象化讲授、某些课题知识点难以通过实践加以验证的问题，让学生身临其境，突出操作性，注重实效性，又兼顾理论性，具有教师与学生高度投入、学生自身经验与模拟情景高度融合的特点。

（二）科学性

由于环境与过程的相互作用，并且注重理论与实际的高度结合，结果明确且相对准确，因此，模拟教学具有科学性。

（三）参与性

为获得较高评价，学生一般都会积极参与，充分表现，施展才华；都会积极投入，探索并试图解决问题，进而培养沟通、表达、相互认知等社交能力；使学生获得实际工作经验，认清自身不足，也利于培养学生的集体荣誉感和团队精神。

第八章 高校体育教学训练方法路径

第一节 力量素质和速度素质训练

一、力量素质训练

多数体育生都是在高二才开始加入体育训练的队伍中来，由于没有长期系统的专业训练，想要在短期内提高运动能力进而取得优秀的体育高考成绩极易在训练过程中走入误区，造成运动成绩起伏不定、停滞不前的现象。体育高考主要分为身体素质和球类两大考核部分，力量素质作为身体素质的重要组成部分，将直接影响体育高考的总成绩。因此，如何在力量素质的训练过程中避免误区，争取训练效果的最大化显得尤为重要。本节将从以下几点对力量训练的注意事项进行阐述：

（一）力量素质的发展既要全面也要突出重点

机体作为一个有机的联系整体，不能单独靠某一部分的肌肉发力来完成动作。针对相对复杂技术动作，需要全身不同肌肉群的整体配合工作才能完成。通过世界男子百米大战可以看出，优秀运动员均重视全身肌肉力量的协调发展，而不是单纯强调下肢或局部力量素质的发展。因此，在发展力量素质的过程中，在发展下肢力量素质的同时也应该加强上肢和胸、腰、背和臀等各部位大肌肉群的锻炼，同时也要注重发展核心部位的深层次肌群和其他薄弱小肌群力量。

（二）做好充足的准备活动，训练结束后要及时放松肌肉

在正式参加比赛或训练前一定要做好各项准备活动。准备活动可以提高中枢神经系统的兴奋水平，增强机体对大负荷强度刺激的感觉；增强氧运输系统的机能，从而提高工作机群的代谢水平；此外还可以使体温提高，降低肌肉的黏滞性增加弹性；让肌肉发挥最大的收缩的力量，有效地预防肌肉损伤。力量训练结束后，乳酸的堆积使

得肌肉常常会出现充血肿胀的现象。因此，在力量训练结束后要及时采取各种活动性手段、整理活动或保证良好的睡眠质量、合理的营养补充，以及按摩理疗等方式，使肌肉得到充分放松。

（三）注集中注意力，加强安全保护意识

肌肉活动是在中枢神经系统的调节下进行的，力量练习时要集中注意力。充分靠目标肌群有效发力完成动作练习，真正做到使意念活动与练习动作紧密保持一致；练哪里靠哪里发力。这样不仅可以使肌肉力量得到更好的发展，还能有效降低在大负荷练习时的受伤概率。另外，为了加强在力量练习时的安全性，还应加强学生的自我保护和互相保护意识，在大负荷重量练习时严禁单独训练。在临近力竭时，更应该注意加强同伴之间的保护，预防安全事故的发生。

（四）与专项动作相结合，保证技术动作的规范性

不同的专项动作有不同的技术结构，要求参加工作的肌肉群力量也不同。如投掷类项目要求学生竭尽全力地获得最大的加速力量。因此，在力量训练的过程中要根据专项技术的动作结构来选择恰当的练习方法，从而更好地获得发展有关肌群力量的效果。在实际力量练习时，必须按照相关动作的技术规格要求严格进行，否则由于身体姿势的不正确导致技术动作变形，不仅会影响目标肌群的训练效果，还会增加运动损伤发生的概率。例如，在进行杠铃深蹲练习时需要双眼平视前方，始终保持收腹挺胸腰背部挺直；靠大腿、核心部位肌群协同发力。针对大负荷训练要系好腰带；严防弓背的出现。为了进一步加强安全保护，可以在杠铃两侧安排两名保护人员以防腰部损伤。

（五）要掌握正确的呼吸方法

憋气有利于固定胸廓，提高核心肌群的紧张程度，有效的憋气可以提高人体在极限状态下完成动作的最大力量。有学者研究发现，人在憋气状态时背力最大为133公斤，在呼气时为129公斤，而在吸气时只有127公斤。尽管如此，也应该注意到过度用力憋气会引起胸廓内压力的提高，使动脉的血液循环受阻，而导致脑贫血，严重的甚至产生休克现象。因此为避免憋气产生不良后果，当短时间内完成最大用力时，应尽量避免憋气，尤其在负荷不大的重复做练习时，更不要憋气。针对初始训练者，应尽量减少极限用力的练习。引导其在练习过程中学会正确呼吸；尽量减少在完成力量练习前做最深的吸气，因为过度深吸气会增加胸廓内的压力，从而导致练习效果不佳。

(六)要制订系统的训练计划

根据用进废退的原理,力量素质训练应全年系统安排,不能无故中断。相关研究证明,力量增长得快,在停止训练后消退得也快。但是,发展力量素质练习不宜在疲劳的状态下进行,因为这种状态下的练习主要发展的是肌耐力而不是肌力量;可能还存在潜在的安全隐患,训练效果更是大打折扣。

力量素质训练应该依据不同人群、不同项目及训练任务的不同而区别对待,负荷的安排应具有明显的周期性、波浪式特点。力量训练课的次数应根据训练课所处的阶段和周期、需要达到的具体目标及训练者的年龄、性别、身体状况,特别是现阶段的训练水平等做出具体安排调整。需要注意的是在体育高考前半个月内,应尽量少对大肌肉群采用极限负荷的练习。在每次训练中,先安排发展最大力量、速度力量,最后再安排力量耐力的练习。

在进行发展力量素质的训练课中应使各全身肌肉群得到充分锻炼。一般按照从下肢肌肉群到核心肌肉群再到上肢和肩带肌肉群的顺序进行练习。根据专项训练动作应先安排复合动作使主要的大肌群得到锻炼,然后再安排孤立动作使局部肌群得到充分锻炼。

力量性训练作为身体素质的重要组成部分,对体育高考总成绩起着至关重要的作用。教练员应该高度重视力量素质的训练,掌握有效的训练方法。确保学生在有限的时间内不断提高训练水平,为体育高考做好充分的准备。

二、速度素质训练

速度素质是指人体快速运动的能力,包括人体快速完成动作的能力和对外界信号刺激快速反应的能力,以及快速位移的能力。现代中职院校学生身体速度素质和十年前相比明显不足,学校体育教师、教练员可结合实际提高以下几个方面认识,加强对学生速度素质的培养,全面提高学生的速度素质,从而带动学校体育活动的开展。

(一)速度素质包括反应速度、动作速度和移动速度

反应速度是指人体对各种信号刺激快速应答的能力。动作速度是指人体或人体一部分快速完成某一个动作的能力。移动速度是指人体在特定方向上位移的速度。以单位时间内机体移动的距离为评定指标。一位具有良好移动素质的运动员,不一定具有良好的反应速度。

（二）各项速度素质的训练应明确的问题

1. 反应速度训练应明确的问题

首先，反应速度由神经反射通路的传导速度决定，基本属于纯生理过程，不受其他因素影响。纯生理过程的提高是相当困难的，很大程度上取决于遗传因素，通过训练可使学生运动员潜在的反应速度能力表现出来并稳定下来。其次，在训练中运动员注意力集中与不集中大不一样，运动员注意力集中，可使神经系统处于适宜的兴奋状态，使肌肉处于紧张待发状态，此时，肌肉的反应速度比处于松弛状态时可提高60%左右。这种状态也有时间限制，一般适宜时间为1.5秒左右，最多8秒。因此，短跑运动员在预备起跑时，要紧紧地压住起跑器，把思想集中于准备迅速迈出第一步。最后，反应速度的提高在很大程度上取决于运动员对信号应答反应的动作熟练程度。在进行反应速度训练时，还要经常改变刺激因素的强度和信号发出的时间。

2. 动作速度训练应明确的问题

提高应与掌握和保持正确的技术动作紧密地结合在一起。专门性的动作速度训练与专项比赛动作要求相一致。在使用反复做某一个规定动作为手段发展动作速度时，应合理地变换练习的速度。练习的持续时间一般不宜过长，动作速度的训练强度较大，运动员的兴奋性要求高，一般不应该超过20秒。练习与练习之间的间歇是由练习的强度所决定的，练习强度大，需要的间歇时间就应长些。但也不要忘记，间歇时间过长会导致兴奋性下降，不利于用剩余兴奋去指挥后边的练习，如持续时间5秒、强度达到95%以上的练习，间歇时间以30～90秒为宜。

3. 移动速度训练应明确的问题

首先，测定移动素质的手段常用短距离跑；距离不要过长，可用30～60米的距离；最好不从起跑计时，而测定其全速跑通过某段距离的能力；在运动员不疲劳、神经兴奋性高的状态下测验；可测定2～3次，取最佳成绩。其次，最大步频和快速跑中的支撑时间对运动员的快速移动能力有着重要影响，优秀运动员单脚撑地时间为0.08～0.13秒，普通人为0.14～0.15秒。再次，提高移动速度有两个基本途径：一是力量训练，使运动员力量增长，进而提高速度；一是反复进行专项练习。无论通过哪个途径提高移动速度，训练中都必须重视确定适宜的训练负荷。最后，在训练实践中运动员力量得到提高，并不意味着移动速度马上可以提高，也有时当力量训练负荷减小以后，才有提高，这种现象叫"延迟性转化"。

三、提高各项速度素质的常用手段

（一）反应速度训练常用的手段

信号刺激法，利用突然发出的信号提高其对简单信号的反应能力。运动感觉法需要经过三个阶段。一是让运动员快速地对某一信号做出应答反应，然后教练员把时间结果告知。二是先让运动员估计时间，通过测定进行比较，提高运动员对时间的准确感觉。三是要求运动员按事先所规定的时间去完成练习，这样也可以提高对时间的判断能力，促进反应速度提高。选择性练习。具体做法是，随着各信号复杂程度的变化，让运动员做出与之相反的应答动作。

（二）提高动作速度常用的方法手段

利用外界助力控制运动员的动作速度，在使用时必须掌握好助力的时机及用力的大小，同时还应让运动员很好地感觉助力的时间及大小，以便他们能独立及早达到动作速度的要求。减少外界自然条件的阻力，如顺风跑等。利用动作加速或利用器械重量变化而获得的后效作用发展动作速度。借助信号刺激提高动作速度。缩小完成练习的空间和时间界限，如球类利用小场地练习。

（三）提高移动速度常用的手段

首先，发展最高移动速度每次练习的持续时间不能过长，应以使每次练习均以高能磷酸原代谢为主要供能途径，一般地讲，应保持在 20 秒以内。多采用 85%～95% 负荷强度，练习的重复次数不应过多，以免训练强度下降。确定间歇时间的长短，应能使运动员机体得到相对充分的恢复，以保证下一次练习的进行。休息时，可采用放松慢跑，做伸展练习。其次，各种爆发力的练习和高频率的针对性练习，如田径短跑做高抬腿跑、小步跑、后蹬跑、车轮跑等；也可利用特定的场地器材进行加速练习，如斜坡跑和骑固定自行车等。

四、速度训练的基本要求

（1）速度素质训练应结合运动员所从事的专项运动进行，如在短跑项目中应着重提高他们听觉的反应能力，在球类运动中应着重提高视觉反应能力。

（2）速度素质训练应在学生兴奋性高、情绪饱满、运动欲望强的情况下进行，一般应安排在训练课的前半部分。

（3）速度提高到一定程度时，常会出现进展停滞、难以提高的现象，称为"速度障碍"。出现速度障碍时，可采用牵引跑、变速跑、下坡跑、带领跑、顺风跑等手段予以克服。

（4）掌握学生的实际身体情况，科学地安排速度训练。由于移动速度具有多素质综合利用的特点，移动素质的发展与力量、耐力等其他身体素质的发展有着密切的关系，因此，对学生进行速度训练的同时，要十分重视全面身体素质的训练。

第二节　耐力素质和柔韧素质训练

一、耐力素质训练

近几年来，国家在推进素质教育的同时，也相当重视学校体育和学生健康，首届全国学校体育工作会议中，提出要把学校体育与开展"全国亿万学生阳光体育运动"作为全面推进素质教育的重要突破口和主要工作方面；在《中共中央国务院关于加强青少年体育增强青少年体质的意见》文件中明确提出，要"全面组织实施初中毕业升学体育考试，并逐步加大体育成绩在学生综合素质评价和中考成绩中的分量"。习近平总书记在今年召开的全国卫生与健康大会上也提出"要把人民健康放在优先发展的战略地位"。

但近年来，我们国民耐力素质却呈下降趋势且越演越烈，学生长距离跑能力下降、马拉松广州赛出现参赛队员在比赛中猝死的情况等，都说明了这个问题。因此，学校体育作为培养人们养成终身体育习惯的重要途径，贯穿学生学校学习的全过程，我们有必要通过学校体育课堂对学生进行耐力素质训练，增强学生心肺功能，以此来提高学生身体素质。

（一）将耐力素质训练融入体育课中的必要性

1. 耐力素质训练可更有效促进学生身体素质的发展

耐力素质是指人体在尽可能长的时间内进行肌肉活动的能力，耐力也可看作是对抗疲劳的能力。长期的耐力练习，可以使大脑皮层长时间保持兴奋与抑制有节律的转换，使大脑皮层神经过程的均衡性得到改善，神经细胞的工作能力和支配肌肉活动的各运动中枢之间的协调也能得到改善。特别对提高心血管系统和呼吸系统的机能具有良好的效果。

从小学到初中，再到高中人体都是在不断快速的生长发育中，而不同年龄阶段身体骨骼和肌肉坚实度都有所不同，所以我们要根据学生在不同年龄阶段、不同发展层次的身体特点，有针对性地去培养和加强学生的身体素质，注意控制学生在体育锻炼中的量和强度问题。对中小学生而言，我们强调的是有氧的耐力性练习要居多，这样更有利于学生的身体素质的发展，减少给学生身体带来的伤害。在耐力素质不断提升的同时，也为学生自己所喜欢的一些项目的学习和提高提供有力的体能作为保障，否则一切都是无稽之谈。

2.耐力素质是保证持续完成任何运动的前提保障

身体素质中包括五项：力量、速度、耐力、灵敏、柔韧。在五项基本素质中，耐力都是重要保障。如百米跑后程就要有充足的体能做保障，进行肌肉力量练习做的组数多或做的练习类型多同样也需要耐力做保障。耐力是保证持续完成任何运动的前提保障，无论是从事球类运动还是其他运动，除了技术，到最后拼的都是耐力，只有身体持续不断地提供充足的体能储备才能更好地发挥自己的能力，才能以更好的精神状态投入到一天的学习和生活当中。

成为国家栋梁的人才基本都是从学校这个大门走出来的，我们在学校体育课的教学中强调耐力素质的重要性，无疑是为社会培养各个阶层的人才在校期间储备耐力素质的能力，一步一步地从小学、初中、高中，然后到大学，几乎长达20年学校生涯里练就他们健康的体魄、充沛的体能、旺盛的精力，以饱满的精神状态和健康的身体状况投入社会主义各个行业的工作岗位上去，并养成终身体育的习惯，时时刻刻都有一个好的身体基础，良好的锻炼习惯，像一部崭新的机器一样良好地运转起来。由此看来，在学校体育课中，将耐力素质融入其中就显得更加紧迫了。

（二）推动体育课中耐力素质训练的方法

1.考虑学生运动需要，激发学生的运动兴趣

在体育课程中，采用哪些方法、开展哪些内容去开展和推行耐力素质训练，教师首先要考虑的就是学生的运动需要，以此激发学生的运动兴趣。

什么是运动需要？就是学生对体育运动的自身价值所产生的趋势，或想掌握某项体育运动技能的一种需要。如何判断学生的运动需要？我们可以从健身锻炼的方向出发，结合体育心理学方面的知识，以及学生的兴趣爱好，考虑他们的情感需要，找出学生的运动动机和运动兴趣所在。通常我们运动是需要得到满足的，一旦满足就会产生运动的愉悦感，从而激发其运动兴趣。所以说，学生的运动需要是其运动兴趣得以激发与培养的源泉。

除运动需要外，融洽的师生关系、现有运动技能水平、运动内容的新奇性与适应性、

成功体验的获得，都是影响运动兴趣的主要因素。其中，融洽的师生关系可以保证教师引导学生向健康积极的方向发展。

2. 丰富健身田径运动形式，通过游戏性比赛调动学生运动积极性

最近几年不断有人提出很多好的健身锻炼的方式，如健身田径运动、少儿田径运动、自然环境中的田径运动、趣味性的田径运动等，都是从不同角度和方面让运动更有价值、意义和趣味。

本节中提到的健身田径运动，也都是结合了田径中最基本的走、跑、跳、投掷等各种技能，既是人类本能的运动基础，也是表现基础运动能力的专门技能，如散步、快走、定时跑、定距跑、走跑交替、跳绳、跳跃游戏等，对参加者来讲负荷适宜、效果全面、条件随意、终身受益。因此，我们可以通过开展丰富的健康田径运动形式，通过游戏性比赛调动学生的锻炼积极性及对所学的知识、技术的综合运用能力。

3. 进行适宜耐久跑，逐步提高学生耐力素质水平

适宜距离、强度、速度的耐久跑会给学生身心带来愉悦和欢快。所以耐久跑应以中等强度、保持适宜的时间、确定适宜的距离为前提，提倡个人根据自己的实际情况，确定练习方式和负荷，以个人自我进步度的评价作为控制练习的依据，避免出现因"比赛"和"达标"等约束条件的影响，被动地超出个人力所能及的练习负荷，容易造成运动伤害。

在耐久跑中使学生懂得耐久跑的价值与作用，了解跑的正确方式和节奏，能在跑前、跑后进行自我脉搏测量，懂得健身跑的心率应控制在 120～150 次/分钟为宜。体育教师采纳并且执行也可以根据自己学校的实际情况，做到灵活变动和因地制宜，一定会收到不断改善提高的效果。

关于跑的正确方式和节奏，教师应给予学生指导。一是要形成正确的跑姿和跑的方法，养成健身跑的习惯。教师可以通过图片、媒体展示或师生简述与示范，使学生了解并掌握耐久跑正确的动作方式，能够做到动作轻松、步伐均匀、重心平稳。二是要学会呼吸方法和掌握呼吸节奏，这是练习耐久跑的基础要求。13 岁左右的中学生在运动时主要靠提高呼吸频率来增大肺通气量，而呼吸深度增加不多。这与他们胸围较小、呼吸肌力量弱、肺活量小及呼吸调节机能不够完善有关。为此，要在慢跑中有意识教会他们正确的、有节奏的呼吸方法，注意加深呼吸的深度是很有必要的。

只要能做到以上几点，并且教师认真负责有针对性地安排指导学生练习，会慢慢地提高不同阶段学生耐力素质的水平，随着年级的不断提高，耐力素质水平会呈明显的上升趋势，这也为解决学生中后期体能储备不足找到了更好的解决办法。

二、柔韧素质训练

科学技术快速发展的今天，人类社会无论是在社会科学上还是在人文科学上都得到了前所未有的发展，这一系列的发展也使我们的生活发生了改变，水平得到了提高。科学技术的大进步，使整个社会大发展，当然这也大大提高了体育在世界上各个国家的地位，体育的比赛变成了国家与国家的比赛，体育实力更象征了国家的实力。正因为如此，世界各国更为重视体育运动中的核心地位。

众所周知，柔韧素质是提高训练水平的重要因素之一，柔韧素质的提高不但有利于技术动作很好地完成，而且有利于提高动作质量与动作幅度，其表现为协调性的不断提高、节奏感强、运动能力的明显增长等。运动员如果不在柔韧性上做大强度、高效率的训练，那么他们在运动技术运动成绩方面将很难得到更大的提高。因此，必须充分重视柔韧素质，并且科学地进行训练。

（一）柔韧素质的理解

体能是以人体三大供能系统为能量代谢活动的基础，通过骨骼肌的做功所表现出来的运动能力。体能也是运动员的基本运动能力，是运动员竞技能力的重要构成因素。运动员身体素质的发展受多种因素的影响。

1. 柔韧素质的概念

柔韧性素质是指各关节活动范围的大小及肌肉、肌腱、韧带等组织的伸展能力。在《牵伸训练》一书中"柔韧性"是指"正常"范围内的运动能力。

2. 柔韧素质的分类

①与静力柔韧相关的关节在不强调速度的条件下进行拉伸时的运动幅度（ROM）有关；因此静力性柔韧是静力性牵伸的结果。②弹性柔韧性，通常跟摆动、弹起、弹回和节律性运动有关。③动力性或功能性柔韧性是指在以正常速度或快速进行身体活动时运用一系列关节的运动能力。④活动性柔韧性是指在没有外力辅助的条件下，由肌肉主动运动时的活动范围。

（二）目前国内对"柔韧素质"研究的文献分析

笔者通过查阅《中国期刊全文数据库》《贵州师范大学图书馆》《贵州数字图书馆》以及大量与柔韧素质相关的文献，发现当前"柔韧素质"的相关文献多数涉及体育运动中柔韧素质的重要作用及地位和体育运动训练中柔韧性的训练方法和手段等领域，关于体育运动中柔韧素质的具体可实施性的对策和建议的文献相对较少。从笔者掌握的文献来看，当前对体育运动中柔韧素质的探讨和研究基本集中在以下几个领域：

1. 柔韧素质在体育运动中的重要作用及地位

赵余骏、许寿生、李燕在《PNF训练对少儿艺术体操练习者柔韧素质的影响》中提到，通过对实验组和对照组两组实验结果数据的对比分析和对每名练习者自身的两次数据进行对比分析，得出少儿艺术体操训练者通过系统的PNF训练和传统柔韧素质训练其柔韧素质得到相应的提高。少儿艺术体操练习者柔韧素质训练采用PNF训练法，相比传统柔韧素质训练的负荷强度而言，相对较小的负重负荷，可以使柔韧素质得到显著性提高。拉伸法不仅仅在提高肌肉的柔软性方面有很大的作用，而且也能够很明显地提高肌肉发力的柔韧性，可以作为训练的柔韧训练一种很好的方法。静力性拉伸法可以提升柔软性，但对于肌肉的柔韧性的提升方面效果却并不是很理想。刚开始柔韧训练可以采用PNF拉伸法和静力性拉伸法进行练习；训练到一定阶段后，可以用PNF拉伸法进行训练，以适应各个阶段的训练需求。

蔡广浩、熊凡在《静力拉伸和动力拉伸对提高柔韧素质的研究综述》中表示，在人们的意识中虽然体现出了静力性拉伸优于动力性拉伸的想法，但是对相关方面的研究仍显不足，所以在理论上的支持仍需实验数据的支撑。从搜集的资料来看，大部分研究都集中在练习手段的开发上，专门针对动力和静力练习效果的研究较少。由于人们对柔韧素质训练普遍认识程度不够，对训练方法的区分和操作不熟悉，很容易在训练和健身过程中造成运动损伤，影响运动成绩和训练热情。

孙红在《论柔韧素质在跳高运动员身体素质中的重要地位》中指出身体素质是人体器官、系统机能在肌肉工作中的反映。它是身体发展、体质增强的主要内容，也是衡量一个人健康水平的重要标志。身体素质是从事各项体育运动的基础，是取得优异运动成绩的根本保证。发展和提高身体素质是体育教学训练中的重要任务，是提高运动员运动水平和运动技术的根本保障。运动能力的掌握和提高，良好的身体素质是关键的支柱。因此，身体素质的发展状况对掌握、巩固和提高技能技术、顺利完成教学和训练任务来说是极其重要的。笔者认为柔韧素质在其中起到一个主要作用。

以上三者都对柔韧素质的重要作用及地位从多个角度进行了系统而全面的分析和研究，并都较为准确地指出了柔韧素质在体育运动教学和训练中的重要作用和地位，并开展了高深度、多视角的读解。

2. 体育运动中柔韧素质的技术教学及运动训练方法方式

陈志刚、董江在《青少年短跑运动员的柔韧素质训练探析》中指出青少年田径短跑运动员普遍柔韧素质比较差，导致他们在协调性上也较差，在技术动作上的缺点是动作幅度小而生硬，这种情况使他们在运动技术上的提升和训练成绩的增长上也受到了很大的影响。青少年在这个阶段正是生长发育旺盛的时候，年龄的增加会带动身体状态、机能等方面发生很大的变化，因此在青少年时期如果我们能够对运动员进行一系列有计划、有目的性的柔韧素质训练,将会使他们很快地掌握短跑技术、技能,并且不断提升运动的水平。柔韧素质练习的基本方法与手段有以下几个方面:①静力拉伸练习法。将平缓的动作保持在静止不动的状态,从而使肌肉、韧带等软组织拉长到一定程度,在这个拉伸过程中,肌肉、韧带能够获得较长时间的刺激,这是这个方法的一个重要的特征。②动力拉伸练习法。自主拉力运动法是一种屡次重复相同动作的有规律的、相对较快的运动方法。在短跑训练中这种练习方法有个主要特征,就是肌肉强度改变的最大值在自主拉力的时候大概比静力拉伸大两倍。③柔韧性练习常用的方法。柔韧性素质练习一般通过以下常用方法进行:第一,正弓步压腿,这是为了提高腿部后侧肌肉的柔韧性;第二,侧弓步压腿,是为了提高腿部内侧肌肉的柔韧性;第三,后压腿,练习的目的是增加腿部前侧肌肉的柔韧性。在我们的研究中发现,一些运动员往往会忽略其他素质的训练,为了提升成绩只是在速度和力量上进行针对练习,这种情况也会造成他们的成绩提升受到负面影响,而事实是柔韧素质的好坏程度决定了其他素质的发展,各素质的发挥和利用也受它影响,它是联系各素质间的一种良好的媒介。

郭书华在《柔韧素质锻炼方法》中指出柔韧素质是很多体育运动项目必须具备的重要体能之一。针对小学生的柔韧素质的提升,采取了一系列方法策略,并且收到了很好的反馈。其训练方法如下:①吻靴。目的:低弓步压腿,重点训练膝关节的柔韧性。动作方法:训练者一条腿屈膝成半蹲状态,另一条向前伸直成弓步,脚跟着地,勾脚尖;身体前屈两手抓住前伸的脚尖;两臂屈肘用力向后拉,上体屈髋前俯,头以及下颌尽力去碰触脚尖。控住几秒后上身缓缓抬起,间歇一会儿后做换腿重复练习。②双人拉锯练习。目的:用于提高学生腰背部、腿部后侧和膝关节韧带。动作练习方法:两人一组对面坐地上,脚脚相对,腿伸直,上体前屈,手相扣前后拉动。③扶腿压前屈。目的:提高腰部、腿部柔韧性。动作方法:一人仰卧,两腿并拢,两腿做体前屈,一人扶其腿下压。④脚迈过"圈"。目的:提升身体柔韧性,增进腰腹肌肉力量。动作方法:训练者站立两手相握于体前。身体前屈,左右脚依次从两手臂和躯干成的圈内迈出。当脚都迈出后,两手不松,身体保持正直,两手由臀后侧朝上提起,双手相扣放于身体后面。⑤"马咬尾"伸展练习。目的:训练腰腹部肌肉的柔韧性。动作方法:训练者膝跪于地,手撑地,向左扭转脊柱,尽力从肩部看到左侧臀部,左侧臀部可向前轻微移动。几次后,脊柱换方向扭转。⑥钻膝拉手。目的:提高身体柔韧性,拉长肩背部肌肉和韧带。动作方法:训练者站立,双腿膝部外开,腿部成"O"形,身体前屈,手臂从腿部内侧穿进,穿过膝关节后,再屈双肘,臂小腿前,双手放在脚踝前相扣。⑦跨绳比赛。目的:提升身体柔韧性。动作方法:两手握绳于身体前面,两腿从绳上跳过,再跳回来。

张建、史东林、周博、李光军在《三种拉伸方法对于提高艺术体操运动员柔韧素质的实效对比研究》中的研究结果表示：①PNF 拉伸方法能够有效地提高艺术体操运动员肩关节、髋关节柔韧素质水平。与动态拉伸方法和静态拉伸方法相比，PNF 拉伸方法除了在柔韧素质水平的提高方面成果显著外，柔韧素质的训练成绩还能表现出持续性、渐进性提高的趋势。②静态拉伸方法对于柔韧素质的改善效果虽然优于动态拉伸方法，但是在提高柔韧幅度与速度方面均落后于 PNF 拉伸方法。③动态拉伸方法对于柔韧素质能够起到有限的提高，但是保持成绩的能力最差。他们的研究论证指出：①证实拉伸训练对改善艺术体操运动员的柔韧素质水平有重要意义。②结合前人对柔韧素质的研究成果，丰富动态拉伸、静态拉伸与 PNF 拉伸三种不同拉伸方法之间做的对比研究。③丰富艺术体操运动员专项柔韧素质训练手段，证实拉伸训练对改善艺术体操运动员肩、髋关节柔韧素质水平的实效研究，为艺术体操运动员专项柔韧素质训练提供理论参考依据。

以上三者都对柔韧素质的技术教学及运动训练方法方式做了研究、分析与探讨，并都提出多种在体育教学与训练中行之有效的练习柔韧素质的方法。

综上所述，从目前的研究成果来看，当前研究体能中柔韧素质的文献大多集中在对柔韧素质的作用、重要性及地位方面和锻炼方法等领域，大致分为体育运动中柔韧素质的重要作用、地位、竞技体育运动中柔韧素质的技术教学及运动训练方法方式的分析两个方向，但少有关于柔韧素质在学校体育教学中发展的对策和建议的文献。学校体育教学中柔韧素质的发展具体可实施性的对策和建议是非常有必要的，不仅可以对青少年学生的体质发展起到实质性的作用，使学校体育课更加便于开展以及开展得更好，而且可以促进学生体育能力的增长，更加便于去学习其他能力。本节试图通过对柔韧素质在当前学校教学中运用的练习方法的现状进行调查与分析，以期待找到更多的具体的在体育教学中发展柔韧素质的可实施性建议。

第三节 灵敏素质和协调能力训练

一、灵敏素质训练

原则是人们依据客观事物运动的内在规律而制定，在实践中必须遵循的法则或标准。运动训练原则是依据运动训练的客观规律确定的组织运动训练所必须遵循的基本准则。灵敏素质的训练也有其自身规律，只有遵循这些规律才能系统、有效地发展运动员的灵敏性。根据运动训练的原则结合灵敏素质的特征，笔者依据多年训练实践总结出，灵敏性的训练应遵循三大基本原则。

（一）健康安全与竞技需要原则

1. 健康安全原则

"以人为本"是现代社会的根本要求，社会的发展是为了人的发展，人类社会创造的一切都应是为了人类全面、自由的发展。体育运动当然也不例外。然而，现代社会的高度发展却使人的发展走向歧途，而体育的发展似乎也没能找到自己的真谛，甚至成为摧残人的事情；竞技体育中不断出现的丑闻，无不体现出现代体育比赛中体育道德的沦丧和体育真谛的缺失。人类本身在利益至上的社会或比赛中不但没有受到重视，反而成为社会和比赛的附属品。这背离了社会发展的根本目的，势必会对人类发展造成不良后果。

健康安全是一个人生存的基本权利，是人从事体育活动或其他活动的基础。田麦久教授指出，健康是运动员的基本权利，是运动员保持系统训练的重要基础。运动训练以取得运动成绩和提高竞技能力为主要目的，而现代运动训练理论中恰恰缺失了对运动员健康部分的内容。实践中，教练员提倡"三从一大"的训练模式，从思想上提倡、鼓励"轻伤不下火线"，导致运动员的小伤小病更加严重，甚至断送其运动寿命。主流媒体也在舆论上鼓励运动员带伤训练或比赛，甚至把这些行为作为一种精神大肆宣扬，让人们觉得只有带伤训练、比赛才是顽强拼搏的表现。这一点国内与国外的差异十分明显。从执教理念上，国外强调运动员的主体地位，对于运动员的伤病，队医会给予充分的评估和建议，而教练员对队医的建议必须予以充分的考虑。有些项目比赛规则规定，运动员不得带伤参加比赛，如美国男子篮球职业联赛规定运动员身上流血时必须进行止血，否则不能继续参加比赛。而国内强调教练员的主导性，队医的作用仅仅是对运动员的伤病进行简单康复或辅助训练工作，对于运动员能否上场的决定权很小。在训练实践中，国外运动员的自我保护能力较强，训练或比赛中如有伤病，运动员会根据医生的建议配合队医进行治疗，并及时和教练员沟通以便调整训练计划，确保伤病尽快治愈，更快地投入训练和比赛中。国内提倡运动员带伤训练，导致运动员轻伤变重或变成慢性伤病，最终影响其运动训练。

安全保障是确保运动员免受伤害的关键。在运动训练或比赛过程中，应尽量保证运动员的安全，避免伤害事故的发生。灵敏素质练习对运动员的身体有较高的要求，所以，灵敏性练习一般安排在训练课的前半部分。灵敏性练习前，教练员需调动运动员的积极性、激发运动员的训练动机，在其体力充沛、注意力集中、精神饱满的状态下进行练习，以此获得最佳训练效果。另外，应变换练习手段，根据不同阶段或练习重点安排不同的灵敏素质练习手段。例如，沙滩排球运动员在徒手练习时需注意变换动作和改变方向，再结合球进行训练，这样既可以提高其判断能力，也可以根据需要对预判、变向和变换动作的能力进行练习。准备期可以重点发展一般灵敏素质或对三类灵敏素质分别进行训练，逐步提高。比赛期则以专项灵敏素质训练为主。

灵敏性训练也应从运动员的健康状况出发。因为灵敏素质训练是高强度的练习，危险系数较高，与一般的康复性训练有很大不同，运动员在身体状况不好或有伤病的情况下不应参与灵敏性训练。运动员进行灵敏素质练习或测试时，需确保其处在安全的训练环境中。首先，保证训练或测试地面与比赛地面要求一致，包括合适的服装和鞋子。若在硬地上测试要保证地面防滑，运动员应穿着相应的训练服装和防滑的鞋子。其次，有充分的练习空间，确保运动员可以安全地完成练习或测试。最后，进行灵敏性练习或测试时，运动员应保持注意力集中和良好的状态，防止疲劳的发生。

2. 竞技需要原则

竞技需要原则是由项目特征所决定的，教练员应时刻考虑灵敏性训练要满足项目需要，不同项目对灵敏素质的要求不同。简单地将灵敏素质分为一般灵敏性和专项灵敏性不是目的，对专项灵敏性进行深入分析，进而得出专项灵敏素质的练习方法才是关键，使其从能量消耗特征、项目的技术特征和力学特征等方面贴近项目。1988年，苏联训练学专家指出，机体对刺激的适应具有较强的专一性，长期缺乏针对性的训练，无法使机体适应专项的要求，结果必然导致运动成绩的下降。根据竞技需要选择灵敏素质练习方法的依据有供能特点、动作形式和移动的速度等，以便使训练效应更好地转移到专项竞技能力中。如果一个项目需要大量的侧向移动，那么练习中应体现出这一需求。例如，沙滩排球训练应根据项目的预判特点、变向特点和动作特点分别进行，达到自动化的程度，这样才能确保灵敏性训练贴近比赛。

（二）适宜负荷与区别对待原则

1. 适宜负荷原则

训练效应的生理基础是人体对刺激的适应，而负荷就是这种刺激。也就是说，任何训练效应的获得必须通过对运动员施加负荷才能实现。必须明确的是，人体的适应能力并不是无限的，在训练过程中当人体的适应能力正向发展时，常伴随运动成绩的提高；而当人体难以适应持续的负荷时，常伴随运动成绩的下降。所以，对负荷的控制已成为运动训练学研究的焦点，灵敏素质的训练同样存在运动负荷的问题。

灵敏素质是以磷酸原系统供能为主的素质，练习时强度较大，易产生疲劳，所以，每个练习后应有足够的休息时间，以保证机体磷酸原的基本恢复。运动生理学研究表明，每千克肌肉中含 15～25 mg 分子 ATP—CP，该系统的供能时间一般不超过 8 s，而 ATP—CP 恢复一半的时间大约是 30 s，完全恢复所用的时间是 3～4 min。所以，在进行灵敏素质训练时，一般练习时间不应超过 10 s，以充分发展灵敏素质供能系统的能力。两种练习之间的休息应超过 30 s，一般为 30～50 s；组间间歇应稍长一些，一般为 3～4 min，以保证 ATP—CP 含量的恢复。为了使运动员较长时间保持良好的灵敏性，应适当提高运动员的糖酵解供能能力和有氧代谢能力。研究表明，运动员尽力保持速度进行灵敏素质的练习仅能维持 7 s，一般而言，敏捷性、加速度和快速脚步的练习时间应保持在 3～5 s，灵敏性的纯练习总时间一般不超过 4 min。

运动负荷主要强调运动量、运动强度及间歇时间。进行灵敏素质训练时，对强度的控制，教练员可以通过运动员完成练习所用时间（一般情况下如果练习的速度降低 10% 以上，应停止灵敏性练习，说明疲劳开始发生，并且功率下降）和监控运动员心率来间接评价。有经验的教练员还可以通过观察获得重要信息，如当运动员动作技能下降，特别是制动时动作不稳、制动能力下降时，应考虑延长间歇时间或停止灵敏性训练。

2. 区别对待原则

区别对待原则是指在运动训练过程中，根据运动员的特点、训练水平，因人而异地制订训练计划和安排训练负荷。进行灵敏素质训练时也应考虑区别对待的原则，因人、因时、因项、因地制宜地进行练习，才能获得良好的训练效果。

灵敏素质训练中区别对待原则的执行需做到如下几点：首先，根据运动员的特点进行灵敏性练习，不同训练水平的运动员，也应采用不同的练习方法和负荷。如有些运动员灵敏性表现不好，可能是由于预判不足，抑或是移动变向能力或变换动作的能力不足，练习时应根据运动员的不同情况分别进行训练。其次，不同项目运动员灵敏素质的要求不同，这已在竞技需要原则中进行了阐述，在此不再赘述。最后，处在不同训练阶段的运动员应安排不同的灵敏素质训练内容。开始阶段应注重基本脚步或身体控制能力的练习，如冲刺跑、后退跑、侧滑步和起动、制动、变向等基本移动能力和控制能力，为后继的灵敏性训练打下扎实基础。如果运动员能很好地控制平衡和身体重心，并能快速移动，将会增大其获得成功的概率。随后可进行一些与专项相关的灵敏素质的移动步法练习，若是一些需要器械的项目，还可结合器械进行移动变向和变换动作的练习。当达到一定程度后，可以结合专项运动场景进行必要的预判和快速反应练习，并使之达到自动化的程度。

（三）全面发展与敏感期优先原则

1. 全面发展原则

全面发展是指在灵敏素质训练过程中，应全面提高运动员的观察判断能力、变换动作和改变方向的能力及身体控制能力。观察判断能力、变换动作和改变方向能力是灵敏素质不可分割的三种属性，将灵敏素质进行分类，并单独对某一属性进行研究，是为了更深入地探讨该属性的特点，因为不同能力也具有不同的表现形式。但决不能因此而忽视了灵敏素质的完整性，只有将这三种能力统一起来进行多维度的考察，才能更加准确、完整地把握灵敏素质的真谛。在运动情景中任何一方面的能力存在不足，都会影响运动员灵敏性的整体表现。

观察判断能力的培养。结合运动实践提高运动员的观察能力，通过更加广阔的视觉追踪策略，获取更多的有效信息，巩固视觉搜寻的结构模式，加强对细微动作的辨别能力，形成运动记忆加以存储，以提高判断的准确性和速度。研究表明，视觉注意力可以不经过眼动而得到加强，并且控制视觉搜索的任务和结构似乎可以储存在记忆里，"双眼紧盯着球"的模式似乎不是处于最佳竞技状态的运动员喜欢的模式。大量研究表明，观察判断能力的训练可以有效地提高运动员的意识和决策能力。

变换动作能力的培养。全面发展运动员的技术动作（专项技术和非专项技术）。实践表明，学习掌握的技术动作越多、越熟练，建立的暂时性神经联系就越多，不仅表现出学习新动作技术快，更表现出技术运用灵活且富有创造性的特点。

改变方向能力的培养。全面学习多种移动步法，起动、制动、变向身体姿势与重心的控制，起初可以学习一些简单的闭链式移动动作，然后增加一些简单的刺激，并逐渐增加难度，包括刺激的难度和动作、方向的难度，有效提高运动员的变向能力。

灵敏素质由上述三部分构成，但并不是上述内容的简单相加。如果发现一种练习方法运动员练习起来较困难，应重点练习而不是将其调整为已熟练的练习动作。

2. 敏感期优先原则

身体素质的发展过程不仅是一个持续稳定的变化过程，而且存在着增长速度特别快的过程或阶段，人们习惯将这一过程或阶段称为身体素质发展的敏感期。判定标准为年增长平均值加一个标准差作为临界值，增长速度大于或等于临界值的年份为该素质的敏感期。一般素质敏感期都有两个：迅速发展期和较快发展期。抓住敏感期进行针对性的训练能提高训练的有效性，达到事半功倍的效果。

研究指出，灵敏性发展的敏感期在 7~12 岁。苏联相关研究指出，7~10 岁灵巧性高度发展，7~12 岁反应速度提高幅度最大，6~12 岁是培养节奏感的好时机，7~11 岁是发展空间定向能力的最佳时机，动作速度 4~17 岁发展最快，女子 9~12

岁、男子 9~14 岁是发展平衡能力的最佳时期。这些都与灵敏性有关，这些能力的提高会对灵敏性的提高带来很大帮助。

运动训练过程中强调灵敏素质敏感期训练，但绝不是强调灵敏性的训练只有在灵敏性发展敏感期才进行。国内不少教练员认为，灵敏性训练应在青少年阶段进行，成年后就没有时间练习这些内容。相反，灵敏性在成年阶段应该受到重视。国外研究指出，对灵敏性的训练应该贯穿运动员训练的整个过程，因为神经适应过程可以通过长时间的不断重复得到发展。另外，与灵敏有关的很多素质，如速度、力量、功率、柔韧、平衡等均可以通过科学系统的训练得到提高。

灵敏素质的训练要符合运动训练的基本规律，但灵敏素质自身的特点决定了其训练规律具有特殊性。根据灵敏素质的特点和运动训练的规律将灵敏素质的训练原则归结为：健康安全与竞技需要原则；适宜负荷与区别对待的原则；全面发展与敏感期优先原则。

二、协调能力训练

在人体综合性的运动素质中最重要的一项就是人体的协调能力，人体协调能力的强弱决定着一个人运动素质的高低，通过培养人体的协调素质来提高身体的协调性，可以提高人体体能、人体技能及人的心理能力，以便达到更好的训练效果。目前，可以通过对人体运动各个方面的分析来提高人体的协调性，通过分析制订提升运动人员身体协调性合理、科学的训练方案。

（一）分析人体运动协调能力的特征

运动协调能力是指运动员的机体各部分活动在时间和空间里相互配合，合理有效地完成动作的能力。《运动训练学》中提出"运动素质是人体体能的重要组成部分，是机体在活动时所表现出来的各种基本运动能力，包括力量、耐力、速度、柔韧和灵敏等。它们之间都有各自相对独立的作用，又有着密切联系，彼此制约、相互影响，其中每一个因素的水平，都会影响着体能整体的水平"这一观点。肌肉的活动要通过运动来实现，运动中的战术、技术及运动素质等都要通过肌肉活动来表现，所以力量素质是运动的基础。

在每日的基本训练中，运动者在剧烈的肌肉训练时，通过神经活动也可以调节和控制肌肉活动。从外观来看，力量训练是通过肌肉的活动来实现的，但从实际角度出发，从生理学方面来看，身体协调性是人的神经系统在起作用，神经系统接受感受器时由于外部环境或者自身体内的刺激通过身体内的神经系统传播到大脑皮质区域，从而调节肌肉的张弛与伸缩活动。运动协调能力本身是一种重要的智力，在运动中对神经系统的刺激，对大脑的发育是有着重要意义的，通过练习掌握运动技能，细化肌肉协调的能力，它反映的是一种精细的感觉，同时反映出的也是一种对外部刺激的分析和综合能力。

（二）分析人体运动协调能力的主要制约因素

1. 遗传因素

运动能力的各种组成性状是由遗传因素和环境因素共同决定的。一般来说，不明原因性协调能力差，绝大部分都是由遗传因素所导致的，遗传因素决定了运动者运动能力起点的高低，遗传因素与人体协调能力有着紧密的联系。人的身体在运动过程中，身体能够完成非常复杂的运动技术动作，这与人的神经系统中的功能水平存在着较为密切的联系，所以说人体协调能力与神经系统中的功能水平关系极大，人体的神经系统功能是先天形成的，它很难被外界或者自身体内的因素所影响，所以说神经系统的功能是不易后天改变，先天的遗传原因制约着人体协调能力的发展水平。

2. 大脑皮质下中枢神经系统

所谓"闻道有先后"，运动技能有些人做起来相对简单，有些人则相对难，就像很多人的身体运动协调能力都是由先天发育决定的，但是仍然有不少的人经过后天不懈努力的运动训练，提升了自己的身体协调能力。在人体的运动机体内，要想完成较为复杂的运动技术动作，仅仅依靠大脑的皮质或者神经系统的调节是不完整也是不准确的，还要取决于皮质运动区域内的抑制与兴奋过程灵活的转换支配身体机能来完成，只有这样才能完成复杂的高难度运动技术动作。如果人体的传导机能和反射机能出现障碍，人体的协调能力就会受到制约。

3. 感官系统机能

感官是指能够感受外界事物刺激的器官，它包括眼、耳、鼻、舌、身等。人身体的各部分都存在感受器，它们在受到外部环境或者自己身体内的刺激时会通过身体内的神经系统传播到大脑皮质区域，经过大脑皮质区域的综合分析，找到解决方案从而调节身体的机能。人在运动时，感受器也开始了它的工作，时刻准备着接收身体发出的信号，它们之间有很复杂而又微妙的关系，感受器作为神经系统调节的各个效应器官，为使身体能够更好地运动提供了桥梁，身体能够更有效、正确地完成运动技术动作。感官系统具有很好的灵活性，它们能够为人体的肌肉和肝脏器官提供最为重要的支撑。

4. 运动技能的储存数量

一个人如果有丰富的运动技能储备，并且拥有高水平的运动技能，就能够轻松地建立起新的条件反射，也能够更快地接受并且掌握更高难度而复杂的运动技术动作，与此同时，其身体协调能力也能够得到提升。大脑皮质支配着人体的肌肉活动，也可以这样说，大脑皮质支配着人体的各项运动。人们对身体素质的理解就是人体肌肉活动的能力，一个人的速度、耐力、力量、灵敏与柔韧性都比较好就说明这个人身体素质好，也可以说运动素质好。随着运动素质的发展，人体机能的能力也在不断地增强和扩大。随着运动技术水平的提高，我国人民的运动机能获得很大的提升和创新，并且技术掌握的熟练程度也大步提升。人体的运动技能之所以能够改进、发展和提高，这都归功于大脑皮质活动的反应，这基于大脑神经在运动条件反射时做出的建立、巩固和分化。

人体运动技能的形成归功于条件反射的建立。运动技能的储存数量越多，越能顺利地建立起新的条件反射，掌握新的运动技术动作，从而表现出良好的运动协调能力，反之，运动技能储蓄数量不足，人体就会表现出较差的运动协调能力。

5.其他运动素质的发展水平

人体协调能力还受其他运动素质发展水平的影响，其他运动素质包括柔韧性、灵敏性、力量、耐力、速度、身体平衡力、技术动作纯熟度等。例如柔韧性，它是指人体关节活动范围的大小和跨过关节的韧带、肌腱、肌肉及其他组织的弹性和伸展性，发展柔韧性素质，身体柔韧性不好的运动人员，关节活动范围较小，跨过关节的相关组织的弹性和伸展性较差，他的柔韧性就制约着身体协调性的发挥。灵敏性是指在人体突然运动的条件下，准确、敏捷而又快速地完成技术动作的能力是一种运动技能综合性表现的运动素质。灵敏性较差的人，运动反应也较慢，身体协调性较差，但是通过转身突然跑、倒退跳远、躲闪跑、快速启动、急停练习等灵敏素质的练习能够有效地提高人体的协调能力。平衡能力分为两种，一种是静态平衡，如座位、站立位等在一定范围时间内对身体姿势平衡的维持；另一种是动态平衡，如走、跑、跳等运动中的身体维持，平衡能力不足会导致运动发展迟缓，从而影响人体的运动协调能力。

（三）人体运动协调性训练法

不习惯运动技术动作的各种身体练习，反向完成动作，如右手换左手实践；改变已习惯技术动作的速度和节奏，如做多组小跑、慢走、变换跑的练习等；还可以通过玩游戏的方式完成复杂的运动技术动作，如穿插一些技术动作的慢动作练习。创造性改变完成动作方式练习，可以采用不习惯组合的动作，使用已经掌握的技术动作做一些更加复杂的组合训练。改变技术动作的空间范围，适时用信号或条件刺激使得运动人员做改变动作各种方式的练习。循环训练法，根据训练的具体任务，建立多组练习站、练习点的训练，运动人员应当按照规定的顺序、路线，依次循环完成每站所规定的练习内容和要求的具体训练方法。

一个人的协调能力越基层，协调性训练法的使用频率越高，但是，如果是1.8米以上的人，技术动作仍不协调，协调性训练频率也要高。在准备时期，每周的训练频率为 2～3 次较为合理，动作项目至少 10 项，每项动作的练习次数至少 3 次才能达到锻炼身体协调能力的效果，在做训练前必须要深刻了解自己的身体情况是在哪些方面不协调的，要针对自己身体不协调的方面，适时了解和掌握训练方法并学习相关理论知识，进行科学合理的锻炼。杜绝盲目的训练，否则，不但没有锻炼效果反而伤害到自己的身体，因为每种训练方法所适合的协调感是不同的。在进行协调能力训练的同时也需要发展其他运动素质，从而更有效地改善身体的协调能力。

一个人运动协调能力的强弱，与人体的竞技能力有着密不可分的关系，协调并不是单一的力量、速度、柔韧性等运动素质的表现，而是这几种因素的综合表现，并且，一个人拥有高度发达的感觉器官和神经系统，能够协调复杂的机能活动和适应多变运动环境。研究表明，制约人们身体协调能力的因素主要有以下几种：一是遗传的原因；二是大脑皮质下中枢神经系统的支配机能；三是人体感官系统机能的灵敏性；四是运动技能的储存数量；五是其他运动素质的发展水平等。

体育运动的目的是通过运动来进行人体运动素质的训练，身体协调是体育运动的灵魂，只有身体协调了，人体的肌肉才能依赖大脑神经系统的支配发挥作用。一个人运动协调能力的提升和发展能够大大提升身体的锻炼效果，能够纠正错误的运动技术动作，能够提升各个技术动作之间的协调性，并且在提升心理素质方面也有非常可观的效果，还能够附带着表现力、注意力、观察力及自信心等个人能力的提高，从而在运动比赛过程中发挥更好的作用和效果。

参考文献

[1] 曲宗湖，杨文轩.学校体育教学探究[M].北京：人民体育出版社，2000.

[2] 李元伟.科技与体育：关于新世纪体育科学技术发展问题[J].中国体育科技，2002，38(6)：3-8，19.

[3] 徐本立.运动训练学[M].济南：山东教育出版社，1990：228.

[4] 王智慧，王国艳.体育科技与体育伦理辨析[J].体育文化导刊，2016(6)：146-148.

[5] 曹庆雷，李小兰.前沿科技与体育[J].山东体育科技，2004，26(1)：37-38.

[6] 张朋，阿英嘎.科技与体育的对话：利弊述评[J].福建体育科技，2015，34(4)：1-3.

[7] 谢丽.从奥运会比赛成绩看运动器材的变化[J].体育文史（北京），2000(4)：52-53.

[8] 杜利军.奥林匹克运动与现代科学技术[J].中国体育科技，2001(3)：6.

[9] 于涛.从哲学角度再认识身体对揭示体育本质的意义[J].上海体育学院学报，2008(3)：18-20.

[10] 张洪潭.体育的概念、术语、定义之解说立论[J].西安体育学院学报，2006(4)：1-6.

[11] 张庭华.走出体育语言：从语言学界的共识看媒体体育语言现象[J].体育文化导刊，2007(7)：50-53.

[12] 黄聚云.从哲学角度再认识身体对揭示体育本质的意义[J].2008(1)：1-8.

[13] 于涛.体育哲学研究[M].北京：北京体育大学出版社，2009.

[14] 董文秀.体育英语[M].北京：人民体育出版社，2009.

[15] 卢元镇.体育社会学[M].北京：高等教育出版社，2001：211.

[16] 乔治·维加雷洛.从古老的游戏到体育表演[M].北京：中国人民大学出版社，2007：107.

[17] 郑杭生.体育学概论新编[M].北京：中国人民大学出版社，1987：345.

[18] 周爱光.体育本质的逻辑学思考[J].武汉体育学院学报，1999(2)：19-21.

[19] 熊斗寅."体育"概念的整体性与本土化思考：兼与韩丹等同志商榷[J].体育与科学，2004(2)：8-12.

[20] 王春燕，潘绍伟. 体育为何而存在：20 世纪 80 年代以来我国体育本质研究综述 [J]. 体育文化导刊，2006(7)：46-48.

[21] 宋震昊."体育"本体论（二）：体育概念批判 [J]. 南京体育学院学报：社会科学版，2006(3)：1-6.

[22] 胡科，虞重干. 真义体育的体育争议 [J]. 南京体育学院学报：社会科学版，2010(4)：59-62.

[23] 张军献. 寻找虚无上位概念：中国体育本质探索的症结 [J]. 体育学刊，2010(2)：1-7.

[24] 崔颖波."寻找虚无的上位概念"并不是我国体育概念研究的症结：与张军献博士商榷 [J]. 体育学刊，2010(9)：1-4.

[25] 何维民，苏义民."体育"概念的梳理及匡正 [J]. 武汉体育学院学报，2011(3)：5-10.